케어팜 운영전략과
생태계 활성화 영향 요인

서울경제경영

| 글쓴이가 드리는 글 |

사회생활을 시작하고 다양한 활동을 하며 이 세상을 '사람이 사람답게 살 수 있는 세상'으로 만들고자 밤낮없이 뛰었습니다. 특히 전력과 에너지, 공공부문에 토대를 둔 지 어느덧 30년이 훌쩍 넘었네요. 전력산업과 에너지산업의 지속가능한 체제 '전환'문제는 제 활동의 핵심 화두중에 하나였습니다. 당연히 공공부문에서 '혁신'의 중요성을 설파하며 진전을 위한 여정에서 과분하게 다양한 단체의 대표를 맡아 활동을 했습니다. 개인적으로 시간과 에너지를 쏟아부어서 가족들에게 부담도 많이 주었던 시절입니다. 아낌없이 흘린 땀방울에 비해 성과와 보람이 충분하지 않은 것 같아 괜한 자괴감이 들기도 합니다.

지속가능성을 중심으로 한 '전환' 문제와 '혁신'의 관점에서 사회를 변화시키는 활동을 하며 자연스럽게 '치유' 문제에 닿았습니다. 그렇게 '전환'과 '혁신', '치유'라는 인생의 3대 과제를 고민하는 사이에 30여 년이 흐르고 지천명의 나이가 훌쩍 지나 이순이 코 앞입니다. 하늘의 뜻을 알고 순리대로 살아가야 할 시기에 큰 교통사고를 당했지만 방어운전을 한 덕택에 저도 살고 여러 사람의 목숨이 구해졌습니다. 기적이 일어났지요. 치료가 진행되는 과정에서 통증을 이겨내며 오랜 시간을 미뤄두었던 박사학위 논문을 쓰게 되었습니다. 통증을 견디는 데는 공부가 최고라는 역발상으로 얻은 결과이니 전화위복이 이런 것일까요? 이 책은 제 삶에 있어서 공적 영역의 활동과 연관된 주제로 사고 후 통증을 견디며 쓴 박사학위 논문을 토대로 구성되어 있습니다.

박사는 '초파리의 날개'를 연구하는 것이라는 어느 석학의 말씀을 깊이 새기고 있으며, 조금 더 해학적으로 말씀하신 분은 '초파리 발톱의 때'를 연구하는 것이라고 하더군요. 그런 경지에 다다를 수 있을지 기약이 없지만 용기를 얻어 조금 더 깊고 넓은 연구는 추후의 과제로 두고 있습니다.

교통사고와 코로나로 인해 격리생활을 하면서 연구와 논문 쓰기에 몰두할 수 있었지만 치료가 병행되던 기간이어서 한계도 많았습니다. 논문을 지혜롭게 지도해주신 김보영 지도교수님, 부족한 공부를 채워주신 훌륭한 교수님들과 동료들에게 감사드립니다. 아쉬운 부분은 앞으로 더 노력해서 발전시키겠습니다.

고통을 함께 인내해준 가족들과 주변의 고마운 분들에게 평생동안 갚아야 할 빚이 더 늘어났네요. 이 책이 독자들의 손에 이르게 한 서울경제경영의 김은중 대표님과 단디기획의 윤혜정 대표님께 진심으로 감사하다는 말씀을 드립니다.

후속 연구와 글쓰기에 게으름을 피우지 않을 것이며, 논문의 다소 딱딱함을 벗어나 읽는 이들에게 좀 더 나은 모습으로 인사드릴 것을 글쓴이로서 약속드립니다.

어디선가 이 책의 책장을 넘기게 될 고마운 분들의 건강과 행운을 위해 기도드립니다.

2023년 7월 24일 이호동 올림

본 도서는 서울과학종합대학원대학교 박사학위논문을 바탕으로 재편집된 것입니다.

들어가는 글

최근 전 세계적으로 고령화, 도시화, 스트레스 등으로 인해 위협받는 국민건강의 증진과 치유를 목적으로 하는 케어팜의 중요성이 부각되고 있다. 유럽과 미국, 일본 등 케어팜 선진국에서 현대인의 스트레스, 불안, 우울의 문제를 해결하기 위해 신체적·정신적 건강 회복과 재활을 목적으로 농업과 복지의 연계를 통한 케어팜이 활발하게 전개되고 있다. 케어팜에서 제공되는 농업 활동과 복지의 융복합 서비스가 필수적인 사회적 서비스로 자리잡아가고 있으며, 취약계층의 심신치유를 위한 케어팜을 매개로 하여 도시와 농촌의 연계도 강화되고 있다. 특히 농업과 복지의 융합 측면에서 케어팜 생태계가 발전하기 위해서는 기존의 농업과 복지 영역의 혁신적 전환과 확대가 필요하므로 이에 대한 논의가 이어지고 있다. 이러한 상황에서 케어팜이 기존의 농업 체험 중심의 역할을 넘어 치유와 복지서비스를 제공하는 새로운 비즈니스 모델을 구축할 수 있도록 성공적인 운영전략에 대해 다양하고 본격적인 논의가 필요하다. 또한 치유농업법 제정 및 시행을 통해 본격적인 도입 단계인 국내에서 케어팜 생태계 활성화 영향요인을 심층 분석하는 본격적인 연구가 아직은 미흡한 실정이다.

이에, 본 연구는 사회-기술 전환이론의 다층적 관점을 기반하여 취약계층 심신치유 목적의 케어팜 그린비네 사례를 미시-중간-거시 단계별로 분석하였다. 케어팜 그린비네의 운영 사례연구를 통해 미시-중간-거시 단계별로 제공되는 프로그램과 특징들을 살펴보고 성공적인 운영전략의 시사점을 도출하고자 하였다. 케어팜 생태계 활성화 영향요인에 대한 실증연구는 공공서비스 혁신 기반의 케어팜 생태계 활성화를 위한 의사결정 모델에 대해 AHP 기법과 DELPHI 기법을 이용하여 계층적 개념의 틀을 바탕으로 분석하고 시사점을 제시하고자 한다.

먼저, 케어팜 그린비네를 대상으로 한 운영전략의 성공 요인 사례연구 결과는 다음과 같은 결과를 도출하였다.

첫째, 그린비네의 취약계층을 위한 심신치유사업은 미시단계에서 효과적인 프로그램 제공으로 이용자들의 높은 만족도와 재활 계기의 제공이라는 긍정적 결과를 도출하고 있다.

둘째, 중간단계에서는 전문적인 농사와 복지 전문인력들의 상호 보완적인 융복합 활동을 통해 지역사업 및 활동과 연계하여 다양하고 확대된 치유 활동의 특징이 나타나고 있다. 이를 통해 전문적인 인력 외에 케어팜 활동을 통해 봉사자와 참여자들의 네트워크가 확대되어 사업 주체가 강화되는 측면을 살펴볼 수 있다.

셋째, 거시 단계에서는 사회복지 서비스의 역할에 따라 정부를 포함한 다양한 이해관계자 조직 간의 상호 신뢰와 유기적인 협조가 사업을 성공적으로 이끌 수 있다는 점을 시사하고 있다.

넷째, 인터뷰 조사를 통해 케어팜 이용자들이 다양한 치유농업 활동을 하며 심신단련과 정서적 안정의 결과를 나타내고 치유 및 재활 의지 개선의 효과를 획득함을 확인할 수 있었다. 특히 농촌 노동의 참여를 통해 케어팜 이용자들의 일체감과 자아존중감이 증대되는 것으로 나타났으며, 복지서비스의 일방적인 제공이 아니라 주체적인 심신치유 활동으로 긍정적인 효과가 나타남을 결과로 확인할 수 있었다. 이를 통해 케어팜의 심신치유를 위한 농업 활동이 다양한 목적을 위해 활용될 필요가 있음을 보여준다.

다섯째, 사회-기술 전환이론 관점에서의 연구와 분석을 통해 케어팜을 통한 치유농업의 확산에 있어서 사회적 인식이 중요하며, 정부와 지자체의 법·제도적, 정책적 지원의 필요성을 확인할 수 있다.

케어팜 생태계 활성화 영향요인에 대한 실증연구는 공공서비스 혁신을 기반으로 AHP 기법과 델파이기법을 이용하여 계층적 개념의 틀을 바탕으로 영향요인을 제시하고자 하였다. 이를 위해 AHP 방법론이 사용되었다. 선행연구를 통해 케어팜 생태계 활성화에 영향을 미치는 변수의 인식, 구조, 리더십, 프로세스 등 4개 범주 내에서 16개 변수를 도출하고 델파이기법으로 개념화했다. 또한 치유농업 이해관계자 28명을 대상으로 각 변수의 중요성을 도출하기 위한 설문조사를 실시하였다.

연구 결과, '신뢰성'이 가장 중요한 요소로 도출되었고, 인적 역량, 비전, 시민참여, 혁신의식 등의 요인이 그 뒤를 이었다. 따라서 케어팜이 혁신적인 공공서비스 생태계를 선도하기 위해서는 이해관계자 간 신뢰와 소통이 중요하며, 무엇보다 인적 역량이 중요한 영향요인임을 확인하였다.

이와 같은 연구 결과를 바탕으로, 케어팜의 성공적인 운영전략과 생태계 활성화를 위한 의사결정 영향요인의 선택 우선순위는 다음과 같은 점을 시사하고 있다.

첫째, 케어팜 생태계가 활성화되기 위해서는 케어팜을 이끌어가는 주체들의 혁신인식과 상호 간 신뢰, 정보공유를 통한 의사소통이 중요하며, 인적 역량 등이 중요한 영향요인으로 다양하게 작용할 수 있음을 시사하고 있다.

둘째, 케어팜 생태계 활성화를 위해 다양한 요인이 정책적 의사결정에 영향을 미친다는 것을 시사하고 있다. 특히 정부와 지자체 간, 농림수산식품부와 보건복지부 그리고 고용노동부가 부처 간의 장벽을 타파하고 상호 연계하는 것이 사업의 성패를 좌우할 수 있음을 시사하고 있다.

셋째, 케어팜 생태계 활성화를 위해 참여 주체인 제공자와 이해관계자들의 혁신 필요성에 대한 긍정적 인식이 도모되어야 한다는 점을 시사하고 있다. 기존의 농업과 노동, 복지의 관점에서 과감하게 혁신하고 상호 연계해야 한다는 긍정적 인식은 케어팜 생태계 활성화의 출발점이기 때문이다.

넷째, 농업과 복지의 연계가 중요하므로 정부 부처를 중심으로 한 공공부문 혁신인식과 소통이 중요하며, 제공자와 이해관계자들이 혁신에 대한 인식의 공유를 바탕으로 케어팜 생태계 혁신의 방향을 결정하고 사업 추진의 동력 형성에 기반이 되기 때문이다.

결론적으로, 본 연구는 케어팜의 사회 취약계층을 대상으로 한 운영전략을 사회-기술 전환이론 관점에서 분석하여 성공 전략을 제시하고 있다. 또한 공공서비스 혁신 기반 생태계 활성화를 위한 의사결정 영향요인의 선택 우선순위를 분석하여 케어팜의 확산을 위해 필요한 전략을 제시하고 있다. 심신치유를 위한 케어팜 생태계의 활성화를 위해서는 기존의 사회-기술 체제에 대한 전환과 공공서비스 혁신에 대한 관점이 중요함을 보여주고 있다. 또한 케어팜 생태계를 구성하는 제공자와 이해관계자들이 의사결정을 함에 있어서 다양한 영향요인이 존재함을 확인할 수 있었다. 케어팜 제공자와 참여자, 정부와 지자체 등 참여자들의 다양한 의사결정 메커니즘에 부응하는 케어팜 생태계 활성화 사업 전략이 필요하다는 점을 보여주고 있다. 이러한 전략적 선택을 통해 케어팜 생태계를 활성화할 수 있으며, 사회-기술 전환과 공공서비스 혁신관점에서 취약계층의 심신치유를 위한 노동과 농업 그리고 복지의 상호 연계 사업 추진 방향 및 성공 요인에 대한 구체적이고 전략적인 시사점을 제시하고 있다.

주제어 : 케어팜, 치유농업, 취약계층, 심신치유, 그린비네, 전환이론,
공공서비스 혁신, 생태계 활성화

목 차

Chapter 03. 사회-기술 전환이론 관점의 취약계층 심신치유를 위한 케어팜 운영 전략 - 그린비네 사례를 중심으로

Chapter 04. 공공서비스 혁신 기반의 케어팜 생태계 활성화를 위한 의사결정 모델

Chapter 05. 결론 및 시사점

표목차

그림목차

케어팜 운영전략과
생태계 활성화 영향 요인

Chapter 01

서론

제1절 연구의 배경

2000년대 이후 전 세계적으로 인구 고령화 및 도시화 등의 문제가 확산 되면서 인간의 정신적, 신체적 건강증진을 위해 케어팜이 네덜란드 등 유럽을 중심으로 선진국에서 본격화되었다(Hassink et al., 2013; Leck et al., 2014; Yewon Cho et al., 2019). 유럽의 케어팜[1)] 선진국에서는 치유농업(Care farming), 녹색치유농업(Green care farming), 사회적 농업(Social farming), 건강을 위한 농업(Farming for health) 등 다양한 용어를 사용하고 있지만, 본질적으로 '치유를 제공하는 농업의 활용(Using farming to provide care)'이라는 의미가 내포되어 있다(Sempik, 2010; 이혜진, 2016; 농촌진흥청, 2016; 안규미, 2017; 배승종 외, 2019; 유지윤·오문향, 2020).

Loue(2016)에 따르면, 현대적 개념의 케어팜 역사는 100년이 넘는다. 유럽에서 농장 이용의 대안적 수단 또는 심각한 정신적 신체적 건강 요구를 가진 사람에 대한 개입 수단으로 다양하게 발전되었지만, 미국은 정신적 질병 환자에 대한 도덕적 치료의 관점을 유지하려는 경향으로 발전이 이루어졌다. 일본의 경우 농복연계(農福連繫)라는 이름으로 정신지체장애인들이 농업 활동에 참여하고 급여를 받아 자립하거나, 노인들이 적절한 농사 활동에 참여하여 자립과 건강을 유지하기 위한 복지농업으로 이해되고 있다(배승종 외, 2019; 전영헌·임송수, 2016; 코시바 유리에, 2016). 특히, 네덜

1) 케어팜이 국내에 도입되면서 치유농장, 사회적 농장, 치유농업, 사회적 농업 등 다양한 용어를 사용하고 있으므로, 본 논문에서는 독자들의 혼선을 줄이기 위해 가급적 '케어팜'으로 통일해서 기술하였다.

란드, 독일, 영국 등 유럽의 여러 나라들은 케어팜의 역사가 길어서 많은 경험과 사례를 축적하고 있으며, 이를 바탕으로 치유농업에 대한 강한 믿음을 가지고 지원정책을 강화하고 있다.

한국에서도 원예 치유, 동물치유, 산림치유 등 다양한 접근방법과 농가 및 농장 체험활동을 중심으로 한 소규모 케어팜이 운영되고 있으며, 아직 초기 단계이지만 지속적으로 성장하는 추세이다(배승종 외, 2019). 최근 100세 시대의 도래와 건강에 대한 인식이 높아지면서, 일상생활에서 벗어나 자연과 함께하는 생태관광자원 체험 중심의 여가문화도 확산되고 있다(이재달·박일, 2015).

케어팜은 도입 초창기에 체험을 기반한 관광농업 중심으로 발전되어 왔으나 현재는 현대인의 불안, 우울, 스트레스 등의 문제를 자연을 통해 완화할 목적으로 대상자의 신체적·정신적 건강 증진 및 재활 등의 목표로 확산되고 있다(이상우 외, 2020). 또한 프로그램 참여자도 초등학생에서 청소년, 성인, 고령층에 이르기까지 다양한 연령이 참여하면서 빠르게 발전하는 추세이다. 치유 요소로서 농업과 농촌의 자연적, 사회적 환경요소를 활용한 활동을 통하여 개인과 집단의 건강한 삶을 추구하며, 치유(care)의 의미에는 의료(Healthcare), 사회적 재활(Social rehabilitation), 교육, 고용 등의 역할이 포함된다(Sempik, 2010).

이러한 케어팜 관련 세계적 추세에 따라 국내에서도 2018년부터 「농업농촌 및 식품산업기본법」이 시행되었고, 동법 제43조2(치유농업의 진흥)에 정부가 치유농업 진행을 위한 책임의 주체임을 명시하였다. 2020년 3월 24일에 「치유농업 연구개발 및 육성에 관한 법률(이하 치유농업법)」이 제정되었으며, 2021년 3월 25일부터 시행이 되고 있다. 해당 법률에는 치유농업의 정의와 치유농업 육성을 위한 국가 및 지자체의 의무를 규정하고 있으며, 연구개발 및 종합계획의 수립과 새로운 국가 자격제도인 '치유농업사' 자격취득 및 양성 등의 내용이 담겨 있다(이상우 외, 2020).

치유농업법에 따르면, 치유농업은 '국민의 건강회복 및 유지, 증진을 도모하기 위하여 이용하는 다양한 농업, 농촌자원 등 이와 관련된 활동으로 사회적, 경제적 부가가치를 창출하는 산업'이라고 정의되고 있다. 농촌진흥청에 따르면, 다기능적 농업(Multifunctional agriculture)과 지역 사회 기반 건강 치유(Community-based health care)라는 2가지 개념에 기반을 두고 있다. 농촌 지역에서 식물과 동물 등 농업 자원을 활용하여 사회적 서비스를 촉진하는 모든 활동을 의미하며, 제공되는 사회적 서비스는 치료(Therapy), 보호 작업(Sheltered work), 사회적 복귀(Rehabilitation), 평생교육(Life-long education) 등을 포함하고 있다(농촌진흥청, 2020; 농촌진흥청, 2021). 또한 치유농업법에 근거하여 치유농업 연구개발과 육성을 위한 종합계획이 수립되었으며, 이는 치유농업법 제5조 제1항에 정부가 5년 단위 법정 종합계획을 수립하도록 근거가 마련되어 있기 때문이다. 이에 따라 제1차 치유농업 연구개발 및 육성종합계획('22~'26)이 발표되었으며, 치유농업 연구개발과 기술 보급, 국민의 건강증진과 삶의 질 향상, 농업·농촌의 지속 가능한 성장을 위한 치유농업 종합발전 계획이 담겨 있다. 국가와 지방자치단체는 치유농업 연구개발 및 육성에 필요한 기반을 조성하기 위하여 관련 시책을 수립·시행하도록 하고 있다. 아울러 치유농업사 제도가 시행되어 전문인력이 양성되는 등 국내 치유농업 성장의 여건이 빠르게 조성되고 있다.

케어팜의 운영 목적은 농업생산, 가공, 판매, 교육, 치유로 분류된다. 제조 및 서비스, 농촌 교육 등 다양한 농장의 형태가 있으나 식물을 이용하는 농장이 가장 많은 것으로 나타나고 있다(농촌진흥청, 2020). 아울러 치유농업은 각 지역의 케어팜을 중심으로 고령인구나 취약계층을 위한 복지서비스 제공의 사회적 서비스로 연결되어 발전하기 시작했다(농촌진흥청, 2020). 아직 초기 단계이지만 국내에서도 농업과 복지의 융복합 서비스로 발전하면서 새로운 사회서비스가 자리를 잡아가고 있다. 케어팜 분야의 국내 연구는 노인, 장애인, 아동 등의 재활, 교육, 사회 적응이나 고용, 자립을 위한 복지와 농업의 융·복합 사례 발굴, 효과성을 검증하는 연구가 진행되고 있다(임송수·임지은, 2017). 그러나 아직 국내 케어팜 관련 연구는 해외 사례분석이나 대상자들의 정신적, 신체적 효과 측정 수준에 머물고 있다. 이러한 상황에서 농업 체험 위주의 케어팜 역할을 다기능화하여 치유와 복지서비스를 제공하는 새로운 비즈니스 모델 구축과 케어팜 운영전략에 대한 본격적인 논의가 필요하다(유은하 외, 2021). 따라서 농업과 복지 연계를 통한 케어팜의 도입 초기 단계인 국내의 운영사례를 심층적으로 분석하고, 케어팜 생태계 활성화 영향요인의 선택 우선순위를 분석하는 실증적 연구의 필요성이 대두되었다.

제2절 연구의 목적

우리나라에서 케어팜을 본격적으로 연구하기 시작한 시점은 2013년 농촌진흥청의 연구보고서가 발표된 시점부터라고 할 수 있다(이상우 외, 2020). 국내 케어팜 관련 연구 주제의 상당 부분은 국내 도입을 위해 기본적인 개념 정립과 해외 사례의 분석이 주를 이루어 왔다. 케어팜이 국내에 도입되면서 정부 차원의 사회적 농업으로 시행한 것이 2018년부터이며, 치유농업법이 제정되어 시행된 것이 2021년이기 때문에 해외 사례의 연구는 상당 부분 축적이 되었다(농업진흥청, 2021). 이에 따라 시행 초기 단계의 조건에서 운영 중인 국내 케어팜의 다양한 사례연구와 케어팜 생태계 활성화 영향요인의 분석을 위한 심화 연구의 필요성이 제기되어 왔다. 현재 케어팜의 현장에서는 농장 기반의 치유농업 서비스 사업을 운영하고자 하는 이들의 관심이 매우 높은 실정이며 사업에서 운영되는 프로그램은 우리나라 케어팜 서비스 품질에 큰 영향을 줄 것이지만 현황조사는 미미한 실정이다(유은하 외, 2021).

케어팜의 세계적 추세에 발맞춘 법률 제정과 시행이 되어 국내에서도 본격적으로 도입되는 상황이지만 실제 사례연구 대상이 아직은 소수에 불과하고, 실증연구는 더욱 부족한 실정에서 본 연구의 목적은 다음과 같다.

사례연구인 '사회-기술 전환이론 관점의 취약계층 심신치유를 위한 케어팜 운영전략'에서는,

첫째, 케어팜 그린비네 운영사례를 분석하여 성공 요인을 밝히고, 도입 초기 단계의 케어팜이 안고 있는 문제해결 방안을 고찰하고자 하였다.

둘째, 농업과 복지의 연계를 통한 케어팜 발전을 위해 필요한 운영 실무적 요인과 정책적 요인을 분석하여 전략적 시사점을 도출하고자 하였다.

셋째, 케어팜 생태계 활성화를 위한 농업, 노동, 복지 부문의 상호 작용의 효과를 분석하여 활성화 영향요인을 제시하고자 하였다.

실증연구에서는, "공공서비스 혁신 기반의 케어팜 생태계 활성화를 위한 의사결정 모델"에 대해 분석하고자 했다.

첫째, 농업과 복지의 융·복합적 개념으로 발전하고 있는 케어팜 생태계 활성화를 위해 정책결정자들과 행위 주체자들 그리고 이해관계자들의 고려 요인을 분석하고자 하였다.

둘째, 케어팜의 참여 주체들이 의사결정을 내리는 데 있어 어떤 기준을 갖추면 좋을지에 대해 분석하고 그 대안을 제공하고자 하였다.

셋째, 케어팜 생태계 구축과 활성화를 위해 적합한 의사결정의 방안을 제시하고자 하였다.

제3절 연구의 구성

본 연구는 심신치유를 위한 케어팜 그린비네에 대해 사회-기술 전환이론 관점의 사례연구와 공공서비스 혁신 기반의 케어팜 활성화를 위한 의사결정 모델에 대한 실증연구 등 총 두 편의 연구로 구성되어 있다.

사례연구는, "사회-기술 전환이론 관점의 취약계층 심신치유를 위한 케어팜 운영전략"으로 그린비네를 연구 단위로 선정하여 분석하였고, 실증연구는 "공공서비스 혁신 기반의 케어팜 생태계 활성화를 위한 의사결정 모델"에 대해 연구하였다. 본 연구는 서론부터 결론까지 총 5장으로 구성되었으며 구체적으로 살펴보면 다음과 같다.

제1장은 서론이며 연구의 배경, 목적, 연구의 구성 등을 기술하였다.

제2장은 연구의 이론적 배경으로 선행연구를 바탕으로 본 연구의 전반을 구성하는

주요 용어와 제도의 개념을 정의하고 이론을 고찰하였다.

제3장은 사례연구로 사회-기술 전환이론 관점의 취약계층 심신치유를 위한 케어팜의 운영전략 분석을 위한 연구목적, 연구설계, 분석 방법, 분석 결과 그리고 시사점을 포함한 소결론을 기술하였다.

제4장은 실증연구로 공공서비스 혁신 기반의 케어팜 생태계 활성화에 대한 연구목적, 연구설계, 분석 방법, 분석 결과 그리고 시사점을 포함한 소 결론을 기술하였다.

제5장은 본 연구의 결론 부분으로 분석 결과 요약 및 연구의 시사점을 제시하였고, 연구의 한계점과 향후 연구 방향을 기술하였다.

〈그림 1〉은 취약계층 심신치유를 위한 케어팜 운영전략과 공공서비스 혁신 기반의 케어팜 생태계 활성화를 위한 상호작용을 효과적으로 이해할 수 있도록 도식화한 인과순환지도(Causal loop diagram, CLD)이다. 케어팜 운영전략을 통해 창출된 성과는 이용자 수와 이용자 만족도를 증가시켜 운영 주체의 사업 확대 원천이 되고, 취약계층의 심신치유에 기여하는 R1과R2의 강화루프(R: Reinforcing feedback loop)를 형성한다. 케어팜을 통한 농업과 복지의 연계사업 확대는 심신치유 목적의 케어팜 생태계 활성화 의사결정을 통해 R3와 R4 등의 강화 루프를 형성하며, 케어팜과 생태계가 상호 발전되는 선순환을 형성한다.

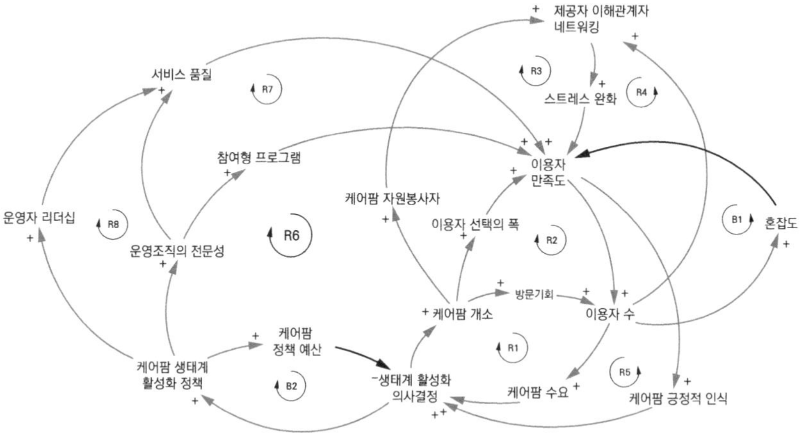

〈그림 1〉 인과순환지도를 통한 연구의 구성

반면에, B1의 이용자 수 증가는 혼잡도를 증대시켜 이용자 만족도를 저하시킬 수 있으며, B2의 생태계 활성화 정책이 일정한 수준에 도달하면 케어팜 정책 예산의 감소로 이어지고, 케어팜 생태계 활성화 의사결정에 영향을 주게 되는 조절루프(Balancing feedback loop)를 형성한다.

Chapter 02

이론적 배경

제1절 케어팜과 심신치유

1.1 케어팜의 개념

케어팜과 심신치유의 개념에 대해 살펴봄으로써 입법을 통해 국가적으로 진행되고 있는 치유농업과 복지 연계의 중요성을 확인하고, 사회-기술 전환이론 및 공공서비스 혁신관점에서 이론적 고찰과 케어팜 생태계 활성화 전략을 확인하는 것이 중요하다.

유럽을 중심으로 치유농업 선진국들은 이미 국가별로 치유농업의 개념, 목적, 대상, 영역 등이 명확하게 설정되어 있으며, 케어팜에 대한 국가 정책 차원의 지원이 활성화되어 농업과 복지의 주요 분야로 자리 잡고 있다. 또한 학교, 지역 사회, 병원 등과 공식적으로 연계되어 지역 공동체에 치료자원을 새롭게 제공하고, 참여자들의 정서적 안정감을 향상시키며 농장 소득을 증대시키고 있다(Dessein and Bock, 2010; Di Iacovo and Vadnal, 2009; Hine et al., 2008).

임송수(2017)에 따르면, 유럽에서 초기형태의 케어팜은 중세 이전부터 존재하였으며 주로 수도원이나 병원에 부속된 정원들이 치료와 요양 서비스를 제공하였다. 근대적 케어팜은 사회적 보호시설의 일환으로 농장과 농가 조직이 형성되면서 등장하였고, 1960년대에 식품 가격이 하락하면서 농업이 위축되고 케어팜도 주춤한 모습을 나타냈다. 1970년대에 이탈리아가 제도적으로 운영하던 정신병원 등의 시설을 폐쇄하고 사회적 협동조합(Social cooperatives)에 의한 서비스를 도입하면서 재점화되는 계기를 마련하였고, 네덜란드에서도 농업에 기초한 치유 서비스가 활성화되면서 발전하기 시작하였다. 1990년대 이후 유럽에서 다수의 국가들이 치유와 사회통합을 목적으로 한 혁신적인 접근방법으로서 케어팜을 인식하고 이를 토대로 다양한 형태의 서비스를 사회에 제공하기 시작했다. 2000년대 들어서면서 농업 활동을 기반으로 한 다양한 사업들과 이를 통한 서비스를 포괄하는 개념으로 공식화 또는 보편화되기 시작했다.

〈표 1〉은 선진국의 다양한 케어팜 추진내용에 대하여 설명하고 있다.

〈표 1〉 선진국 케어팜 추진내용[2)]

국 가	내 용
노르웨이	정부 부처 통합위원회 구축(농림부 주관), 품질관리와 보증제도 운영, 케어팜 협약 제도, 치유농업 학위과정 및 평생교육, 국가재정 지원
네덜란드	국가 지원기관 설립 및 운영, 질 관리체계(케어팜경영자협회 등) 운영, 국민건강보험과 연계, 치유농업법 제정, 치유농업 연구 프로젝트
벨기에	국가 및 지역 단위 지원기관의 설립 운영, 농업인 교육훈련센터, 케어팜 인정 방안 마련(법, 규제), 케어팜 재정 지원
영 국	국가치유농업계획 수립, 지역별 케어팜 연계체계와 치유농업 기관 파트너십 구축, 치유농업 프로그램(멘토링, 퍼실리테이터), 재정 확보
프랑스	치유농장 확대 및 네트워크 구축, 치유농업 제공자 교육 훈련, 국가 및 지방정부의 공공지원금 추진, 비용에 대한 지방정부 보조
독 일	400개 병원과 사회재활센터, 180여 개 커뮤니티, 약 500개 녹색 작업장에 EU 수준 적용, 건강보험 직업병 치료 항목에서 예산지원
이탈리아	지역 보건단체, 협동조합, 농장주, 협회 등의 협약체계 및 연구를 지방정부가 지원, 사회통합과 복귀를 통한 교도소 등 일부 국가지원
일 본	농업의 복지/치유기능 주목, 장애인 고용, 취업, 재활, 노인복지 중점 국가농림수산정책(복지 농원) 포함, 국가연구기관에서 효과분석

2) 출처 : 한국·네덜란드 치유농업 총서 국립원예특작과학원(2016)

2000년대 이후 케어팜은 벨기에, 네덜란드, 독일, 이탈리아 등 유럽에서 본격적으로 확산되기 시작했다. 이탈리아는 케어팜을 의료와 교육기관들이 연계하여 사회적 재생산, 다원적, 신복지 농업의 개념으로 발전시켰다. 영국의 경우 국가치유농업계획(NCFI: National Care Farming Initiative)를 수립하여 케어팜의 개념과 서비스 대상을 재설정하여, 학습장애자, 자폐증 아동, 마약 및 알코올 중독자, 반항적 아동 등 보호관찰이 필요한 사람들을 대상으로 사회적 치유와 갱신을 위한 목적의 프로그램으로 제공하고 있다(김옥진, 2016). 프랑스의 경우 케어팜은 사회적 차원에서 공유된 농장의 개념으로 발전되었다. 이에 따라 사회에서 소외받는 계층을 대상으로 서비스를 제공하고 있으며, 케어팜들은 사회적 기능을 인정받고, 기관은 물론 네트워크 형태의 다양한 조직 형태로 발전하고 있다(Van Weeghel et al., 2005).

특히 벨기에와 네덜란드는 국가의 적극적인 지원을 통해 케어팜과 경영자들을 육성, 지원하고 있다. 벨기에는 지역발전 계획 내 케어팜 활성화 사업을 수립하고, 케어팜 경영자들의 재정적 지원과 치유사업 추진을 위한 다양한 지원 프로젝트를 추진하고 있다(Myren et al., 2017). 네덜란드는 현재 1250여 개의 케어팜과 연간 이용자 수 25,000명에 이르며, 케어팜 경영자들을 위한 '농업과 케어연합(Federation Agriculture & Care)'이 형성되어 있다. 2003년 이후에는 농장주와 계약을 맺는 개인 이용자들이 증가함에 따라 2005년부터 케어팜들의 치유기관 승인제도가 운영이 되고 있다(바흐닝언케어팜연구소, 2022). <표 2>는 네덜란드 케어팜의 3가지 유형별 특징을 비교해서 보여주고 있다.

일본의 경우 전영현·임송수(2016)에 의하면, 20세기 초반 장애가 있는 사람들을 위해 농업을 치료 활동에 활용한 것에서 시작되었다. 1990년대 초반부터 작물 재배와 마을 가꾸기 등을 통한 치료와 재활이 본격적으로 실시되었고 특히 원예 활동이 주목받으면서 원예요법이라는 용어가 처음 등장하였다. 1993년에는 미국 버지니아텍

대학의 랠프 교수(Diane Relf)를 초청하여 처음으로 외국인 전문가에 의한 원예요법 강연회가 열렸으며, 1995년에는 원예요법을 전문적으로 다루는 일본원예요법연구회가 설립되었다.

〈표 2〉 네덜란드 케어팜의 3가지 유형별 특징 비교[3)]

유 형	다기능형	커뮤니티 가든형	치유형
이용자	- 지적장애인, 치매 환자, 정신장애인, 수형자, ADHD	- 지적장애인, 홈리스, 수형자	- 치매환자, 정신장애인, 은둔형 외톨이 등
특 징	- 유휴농지를 활용한 경작농업 - 공공사업 중지된 농지 - 경작 유기농업 - 일은 이용자의 자율에 맡김 - 경작-축산 연계 - 야채와 딸기 등 유기농업	- 도시공원 임대 - 다양한 NPO와 네트워크 (환경, 복지, 생태 등)	- 농가가 경영 - 수입은 모두 의료보험

원예요법의 연구와 보급이 활발해짐에 따라 원예요법의 해석이 다양화되어 혼란이 발생했고, 이에 대한 명확한 정의를 위해 마쓰오 에이스케가 '원예복지'의 개념을 처음으로 주장하였다. 2013년 농림수산성과 후생노동성은 농업과 복지를 연계한 「농복연계 프로젝트」를 발표했다. 프로젝트의 취지는 사회적 취약계층인 고령자, 장애인, 생활 곤궁자의 취업과 치유, 건강증진, 삶의 질 향상을 위해 농업을 적극적으로 활용한다는 것이다. 농림수산성 산하 연구기관인 농림수산정책연구소는 이와 관련한 사례조사, 지원 체제 구축, 향후 과제 등을 연구하고 있다.

3) 출처: 전호성·임영언(2022)

〈표 3〉 일본의 케어팜 관련 개념들[4)]

구분	대상	정의
원예요법	요법적 지원이 필요한 사람	의료나 복지 영역의 지원을 필요로 하는 사람들의 행복을 원예를 통해 지원하는 활동
원예복지	모든 사람	원예의 효과 혜택을 누림으로써 인간의 복지(행복)을 도모하는 활동
복지농업	장애인, 고령자, 생활곤궁자 등 사회적 취약계층	농업의 복지력을 활용하여 레크레이션, 치료, 치유, 직업훈련, 일자리 제공을 하는 모든 농업 관련 활동
농복연계	장애인, 고령자, 생활곤궁자 등 사회적 취약계층	농업 측면과 복지 측면의 연계로, 농업 분야에서 취약계층이 취업할 수 있는 일자리 혹은 거처를 만들고자 하는 노력의 총칭

'농복연계'란 '농업인, JA공제종합연구소 등의 농업 측면과 사회복지법인, 특정 비영리 활동(Non-Profit Organization, NPO)법인 등의 복지 측면의 연계'를 의미하며, '농업 분야에서 장애인 등이 취업할 수 있는 일자리 혹은 거처를 만들고자 하는 노력의 총칭'으로 정의했다. 〈표 3〉은 일본의 케어팜 관련 개념들을 보여주고 있다.

케어팜은 네덜란드 등 유럽 국가의 현황을 살펴보면 지원, 치유 또는 지도가 필요한 사람들에게 치유 및 재활의 가능성을 제공하는 일종의 농업 법인체이다. 케어팜은 작물 농장, 채소나 꽃 농장, 축산 또는 낙농업 농장, 과일 재배 농장 등이 운영되며 통상적으로 2가지 이상을 같이 생산하거나 활용할 수 있는 경우가 많다. 일부 케어팜은 판매장, 야영지, 토끼와 같은 작은 동물들을 갖고 있거나 경관을 정비하는 일을 하는데, 대부분의 농장이 친환경적으로 농업생산을 하고 있다(농촌진흥청, 2020).

이러한 세계적 추세에 따라 국내에서도 관련 연구가 시작되었으며 케어팜 활동의 기본적 개념은 '농장과 농촌 경관을 활용하여 정신적·육체적 건강회복의 목적으로

4) 출처: 전영현·임송수(2016)

제공되는 일체의 농업 활동'을 의미한다(이윤정, 2016). 김경미(2017)는 케어팜 활동을 '일과 관련된 스트레스를 받거나 건강이 좋지 않은 사람들과 의학적·사회적으로 치료가 필요한 사람들(정신질환자, 학습장애인, 약물 중독자 등)의 치유를 위한 농업 활동'이라고 정의한다. 농장주, 건강 보호 기관, 사회보장기관, 프로그램 참여자 상호 간의 파트너십이 중요하며, 농업을 통해 다양한 대상자들에게 건강, 사회적 이익, 교육적 이익을 제공할 수 있다.

배승종·하정우(2007)에 따르면, 농촌 어메니티[5] 자원 요소 각각에 대해 평가체계를 구성하고, AHP(Analytic hierarchy process) 기법을 이용하여 개별 요소의 가중치를 산정한 결과, 자연적 자원이 496, 문화적 자원 323, 사회적 자원이 181로 나타나 자연적 자원이 가장 높게 나타났다. 이는 사회적 자원보다는 문화적 자원이, 다른 자원에 비해서는 자연적 자원이 농촌 어메니티에 미치는 영향이 가장 큰 것으로 분석되었다. 이는 농촌 어메니티 자원을 활용한 케어팜의 활용에 대한 시사점을 제공하고 있다.

홍지영·이병오(2016)에 따르면, 우리나라에도 장애인들이 많이 있지만 여러 가지 제약으로 인해 상당수가 일상적인 사회활동에 참여하지 못하고 있다. 또한 압축 경제성장과 과도한 경쟁체제 속에서 심신장애를 얻어 치료받고 있는 사람들도 많다. 학교생활이나 입시 스트레스, 가정 문제 등으로 사회에 적응하지 못하는 청소년들도 적지 않다. 이들이 심신을 회복하여 자기 역량을 발휘할 수 있도록 활용하는 것이 케어팜의 역할이다.

국내에서 치유농업이라는 개념어의 사용은 2013년 농촌진흥청이 주관하여 선진 농업국의 녹색 치유농업 사례 및 효과분석 등의 연구를 진행하면서 각 분야의 전문가들과 협의하여 처음으로 사용하기 시작한 용어이다. 1980년대부터 원예와 산림, 동물, 음식, 농작업, 환경과 문화의 개별적 분야가 치유적 기능을 활용하면서 각각 발

5) 농촌 어메니티(Rual amenity)는 유럽의 농촌개발 연구자들에 의해 확립된 학술적 용어로 '농촌다움 자원'의 개발과 이용을 위해 활용되고 있다.

전해 왔으나, 이들 자원이 통합적으로 연계되어 있으며 '농업의 치유적 기능'이라는 큰 틀에서 종합적으로 접근하고자 용어를 정립하였다(농촌진흥청, 2020). 한국에서도 농촌진흥청을 중심으로 '농장형 치유농업 프로그램 개발 가이드' 구축과 함께 다양한 프로그램들이 지역별로 활성화되고 있으나 아직 치료나 재활보다는 보급 및 농장 확장성을 중심으로 한 사업 추진이 주를 이루고 있다(최영완·김영주, 2019).

이상문(2001)에 따르면, 농촌어메니티 자원은 그에 대한 가치 평가를 통해 그 중요도와 가치 등에 따라 농촌 재정비 시 우선적으로 고려할 필요가 있는 핵심 자원 등으로 분류할 수 있으며, 특히, 도시민에게 중요도가 높거나 방문 가치가 높게 나타나는 어메니티 자원은 도시민을 농촌으로 끌어들이는 유인자원(Attractive resources)으로써의 역할을 할 수 있다고 하며 도시와 농촌의 연계를 강조하고 있다.

국내의 케어팜에서 이루어지는 활동은 본질적으로 '치유를 위한 농업의 활용'이라는 의미를 내포하고 있는데, 좀 더 구체적으로는 정의하자면 식물, 동물 등 농업의 소재와 그 산물을 활용하거나 농촌의 환경, 문화 등의 자원으로 사람의 심리적, 사회적, 신체적 건강을 도모하는 산업이나 활동이라고 할 수 있다(농촌진흥청. 2020).

1.2 심신치유의 개념

Rotheram et al.(2017)에 따르면, 케어팜에서의 치유(Care)는 농촌이 가지는 자연적, 사회적 요소를 통해 개인의 건강과 삶의 가치를 증진시키는 활동으로서 의료, 재활, 교육, 고용에 이르는 다양한 역할을 포괄한다. 따라서 케어팜은 단순히 사람들과의 교류나 휴식의 개념을 넘어 치료와 개인이나 집단별 특수성에 따른 세부적인 서비스 제공이 필요하여 사회 복지제도 측면의 고려가 필요하다.

Sasaki and Byung-Oh(2016)는 흔히 의사 중심의 진단과 처치를 '치료'라고 하고, 정신적 손상을 회복시키는 과정은 치유(Therapy)라고 구분한다. 보통, 치유는 아픈 부위를 명확히 특정하기 어렵고, 정신적 손상의 회복이다 보니 전문의와 가족, 도우미와 대화를 나누거나, 생물(원예작물, 재활승마, 반려동물 등)과의 교감, 자연 속에서의 편안한 생활 등을 통해 심신을 회복해 나가는 경우가 많다. 농촌은 쾌적한 어메니티가 있고 다양한 생물이 살고 있어 치유(그린 케어)에 적합한 환경을 갖추고 있다.

Loue(2016)에 따르면, 식물을 치료의 목적으로 사용한 것은 고대부터 존재하였다. 미국에서는 1973년에 원예치료(Horticulture therapy)라는 용어를 원예치료협회(American Horticulture Therapy Association: AHTA)가 처음 사용하기 시작했다. 이후 점점 발전되어 정신적 질환에만 그치지 않고 재활, 직업 및 직업 환경에서 널리 활용되고 있다. Sempik(2008)는 원예치료가 '정신적, 사회적, 영적 및 신체적 건강'에 기여할 가능성을 제시한다.

케어팜의 주요 참여 및 치유 대상인 취약계층에 대해서 김경미 외(2013)에 따르면, 국가나 공동체의 선택에 따라 다양하게 정의될 수 있으나, 보통 지적 장애, 신체장애 질환을 지닌 자, 사회나 교육체제의 부적응자, 노인, 청소년, 장기 실업자 등을 포함한다. 이러한 취약계층은 치유와 돌봄이 필요하다.

이에 대해 Kittay(1999)는 인간의 의존성과 취약성을 두 단계로 나누어 설명한다. 첫째는 불가피한 의존으로서의 의존성으로, 생애주기에 따라 의존을 경험하게 되며 이는 피할 수 없는 것이다. 의존인과 돌봄 제공자가 1차 돌봄 관계를 구성한다. 두 번째는 돌봄 제공자의 의존성이다. 돌봄 제공자는 의존인에게 돌봄을 제공함으로써 사회경제적 지위가 취약해지는데 이는 사회구조에 기인하는 의존이다. 따라서 돌봄 제공자를 돌봐야 하는 윤리적인 의무가 서비스를 제공하는 조달자(Provider)에게 부과되는데 이 조달자는 1차 돌봄 관계 밖에 있는 제3자로 자원 조달 의무뿐 아니라 돌봄 제공자를 돌봄으로써 돌봄 관계 전체를 돌보는 사회적 의무를 진다. 이를 둘리아 원칙이라고 하며 둘리아(Doulia)는 산후조리사를 뜻하는 'Doula'를 변형하여 Kittay에 의해 만들어진 용어인데 산모를 잘 돌봐줌으로써 아기를 잘 돌볼 수 있다는 의미에서 제3자, 즉 국가와 사회의 의무를 표현하기 위해 사용하고 있다(김희강, 2016; Kittay, 1999). 이에 따르면 케어팜의 이용자와 제공자 사이에 심신치유를 통한 돌봄 관계가 형성된다. 국가와 사회는 케어팜에서의 돌봄 관계 전체를 돌보는 사회적 책무를 진다.

케어팜은 다양한 분류방식이 있지만 생산과 제공되는 서비스에 따라, 농업생산(Farming product)과 치유(Care)의 2가지 유형에 따라 구분할 수 있다(Hine et al., 2008; Sempik, 2010). 농업생산 측면에서는 다양한 농업 활동(작물, 축산, 원예, 농기계, 산림경영 등)을 하며, 치유 측면에서는 사회적 재활, 건강 치유, 교육 활동이 포함된다. 치유 중심의 경우에는 외부 기관이나 전문적인 치료사를 통해서 농업과 치유 활동이 이루어진다. 김경미 외(2013)에 의하면, 치유 중심형, 고용 중심형, 교육 중심형으로 분류한다. 첫째, 치유 중심형은 의학적, 정신적 치유가 필요한 사람들에게 케어팜에서 전문적 교육이나 훈련을 제공하여 치유 서비스를 제공하는 것이다. 둘째, 고용 중심형은 사회적 약자에게 전문적 교육이나 훈련의 제공과 고용을 연계하여 고용 창출을 목적으로 하는 것으로 치유 서비스를 제공하는 것은 제외된다. 셋째, 교육 중심형은 학생들에게 농업 활동과 농촌 경관에 대한 경험을 제공하기 위한 목적과 학습장애나 사회적 조치와 같은 특별한 교육적 요구를 제공하기 위해 농장을 활용하는 것이다.

임송수·김승애(2016)에 따르면, 케어팜에서 제공되는 활동에 대해 건강, 교육과 훈련, 사회통합과 포용, 지역 개발 등의 이익을 창출할 목적 아래 취약계층을 서비스 대상으로 영농 및 기타 농업 활동과 연계하여 제공하는 여러 가지 사회적으로 바람직한 서비스로 규정한다. 특히 건강 목적은 사람들이 영농 활동을 통해 자연스럽게 자연과 교감하도록 도움으로써 치유와 건강회복을 꾀하고 질병이나 질병의 원인을 예방하는 것, 작물이나 가축이 성장하는 것처럼 서비스 대상자들이 성장을 경험하는 효과 등을 아우른다. 이는 현대 사회에서 건강이나 웰빙(Wellbeing)이 강조되는 사회문화의 틀 속에서 결정된다는 믿음에 기반을 두고 있다. 케어팜에서 건강과 치료를 위한 서비스가 의료나 심리 측면에서 타당하다고 인정받으려면 전문가의 지도와 참여가 필요하다. 국립원예특작과학원(2016)에 따르면, 우리나라의 케어팜은 작물 농장, 원예 농장, 돼지 또는 낙농업 농장, 과일 재배 농장 또는 2가지 이상이 혼합된 농장으로 일부 케어팜은 판매장, 야영지, 토끼와 같은 작은 동물들을 갖고 있거나 경관을 정비하는 일을 한다. 그리고 참여 대상 집단의 조합도 생긴다. 또한, 케어팜은 참여자를 위한 탁아시설을 제공하고, 때로는 장애나 활동의 제약이 있는 아이들을 위한 탁아 시설도 제공한다. 이는 보육원과 유사해 보이지만 케어팜의 탁아시설은 농장 안에 있다. 대부분의 케어팜은 도움과 관심이 필요한 사람들을 위해 일과를 제공한다.

〈표 4〉 치유 중심형 케어팜 참여 기관[6)]

구 분	참여 기관
건강 치유	1차 보건의료기관, 사회서비스기관, 약물/알콜 치료기관, 기타 건강관련 기관
사회적 재활	약물/알콜 재활기관, 보호감찰기관, 청년재활기관, 기타 사회적 재활기관, 난민구제기관
교 육	정규학교, 지역아동교육기관, 기타 교육 기관

본 연구는 케어팜을 일상에서의 심리적 스트레스나 우울, 불만, 무기력, 사회적 불만 등 정신적 치유가 필요한 사람들에게 제공되는 '치유 중심형'을 중심으로 살펴보기로 하였다. 치유 중심 치유농업의 경우 〈표 4〉와 같이 다양한 기관이 참여한다.

케어팜이 제공하는 서비스의 유형이 치유 중심인 경우, 여러 가지 이유로 심신치유가 필요한 사람들에게 치유 서비스를 제공하는 것을 목적으로 하며, 케어팜이 치유 서비스를 제공하는 기관이다. 이 유형은 전문적 교육과 훈련 등을 제공하기는 하지만 노동시장과의 연계 혹은 고용을 목적으로 하지는 않는다. 네덜란드와 벨기에의 케어팜, 프랑스와 아일랜드의 치료농장(Therapeuric Farm) 등이 이러한 치유 중심의 유형에 속한다고 볼 수 있다.

Hine et al.(2008)은 영국의 도시농장, 독립적인 농장, 외부 기관 또는 자선단체와 연결되어있는 농장과 그곳에 참여하는 고객을 대상으로 케어팜의 효과를 조사하였다. 그 결과, 케어팜 활동에 참여하는 시간은 자기 존중감을 향상시키는 효과가 있으

6) 출처: 김경미 외(2013)

며, 농작업을 하는 동안 분노, 혼란, 우울증, 긴장감과 같은 감정이 줄어든다는 것을 밝혀내어 케어팜이 다양한 사람들을 긍정적인 방향으로 폭넓게 돕는 방법을 제공한다고 판단하였다.

Eling and Hassink(2010)는 약물의존과 정신질환을 앓는 농가에서 일하는 장애인을 대상으로 조사한 결과, 체력과 식욕의 증진, 자신감과 사회참여 의식의 향상, 소통과 교류 증진의 효과가 있다고 보고하였으며, 최근 연구는 효과 검증에 대한 방법을 제시하는 사례도 증가하고 있다.

케어팜의 효과에 대해서 국립원예특작과학원(2016)은 효과가 대상별로 다르지만, 분명한 것은 심신의 건강이 증진되고 행동과 태도가 바뀜으로써 사회적 관계도 좋아진다는 것을 강조하였다.

윤순근(2020)에 의하면, 발달장애인의 케어팜 참여 활동은 교육, 돌봄, 고용, 재활을 통하여 치유까지 아우를 수 있어 발달장애인들에게 다양한 농업 프로그램의 접근을 통해서 직접 체험하고자 하는 의지를 심어준다고 한다. 나아가 원만한 가정생활과 이웃과도 잘 조화할 수 있도록 하는 농업과 복지가 융·복합한 케어팜 참여 활동이 행복한 삶의 보장, 새로운 사회복지 서비스 영역 확인과 함께 긍정적이라는 연구 결과가 도출되었다.

이수미·정병웅(2022)에 의하면, 치유농업관광이 코로나-19로 인해 발생한 스트레스나 우울증 해소에 긍정적인 영향을 미친다고 하며 ‘코로나 블루’에 기인한 우울, 불안, 스트레스와 같은 부정적 정서에 대한 회복 탄력성을 증진하기 위해 케어팜의 활용 방안을 모색하기 위한 노력의 필요성을 제언하고 있다.

최근 한국에서도 세계적 추세에 발맞추어 케어팜이 농업의 새로운 기능과 역할 또는 사회복지를 실현하기 위한 수단으로 기능하고 있으며, 농업과 사회복지 영역의 융합에 대한 관심이 점차 증대되고 있는 상황이다(이상우 외, 2020).

농촌진흥청(2022)에 의하면, 제1차 치유농업육성계획에서 케어팜 사업화 기반과 관련한 정책 여건 분석을 통해 코로나19 장기화로 국민의 우울감 및 자살 생각이 증가하였고, 관광 행태는 힐링 목적의 국내 자연 친화적 지역 방문으로 변화되었다고 한다. 코로나19 정신건강실태조사에서 우울위험군이 17.5%(2020년 3월)에서 22.8%(2021년 3월)로, 자살 생각 비율은 9.7%(2020년 3월)에서 16.3%(2021년 3월)로 증가하였다. 치료 중심의 정책에서 질환 예방을 위한 생활행태 개선 등 사전적 예방 중심으로 보건·복지 정책이 변화하여 예방과 적극적 관리를 위한 지역 중심의 건강 환경조성을 위해 보건소 중심 건강증진사업 확대 및 건강생활지원센터 확충(2023년 250개소) 등 안전망 구축이 진행되고 있다. 또한 치매국가책임제 도입(2017년 9월)에 이어 노인·아동·장애인 등 건강 취약계층에 대해 찾아가는 건강관리를 하며 서비스 강화, 돌봄 부담 경감 등 국가책임제의 추진으로 사업화 기반이 확충되고 있다.

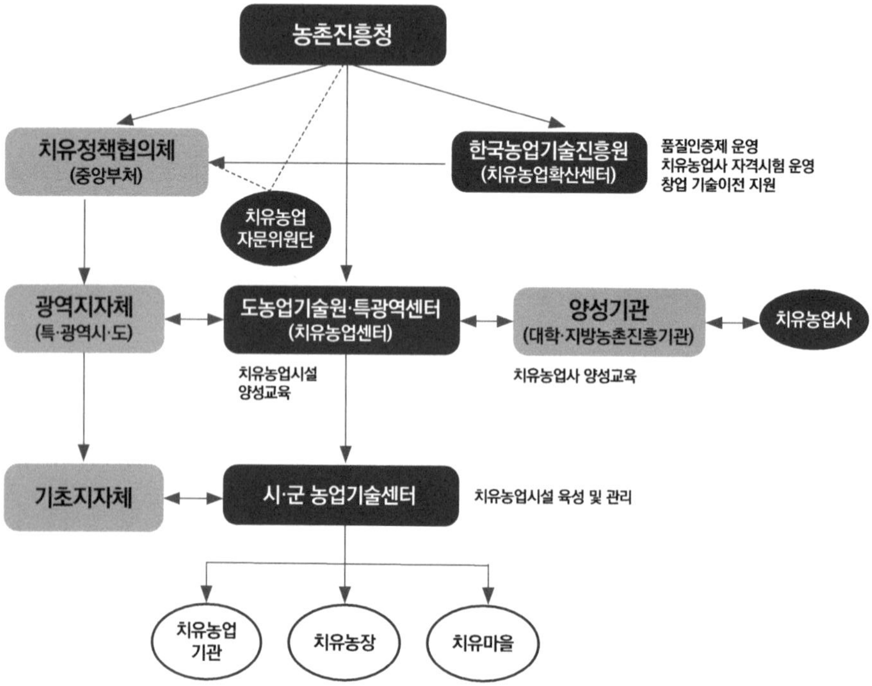

〈그림 2〉 케어팜 확산체계 출처: 농촌진흥청(2022)[7]

7) 출처: 농촌진흥청(2022)

〈그림 2〉는 농촌진흥청(2022) 제1차 치유농업육성계획에 따른 케어팜 확산체계이다.

제1차 치유농업육성계획의 치유농업 확산을 위한 목표에 의하면, 케어팜(마을) 사업 모델과 치유농업 시설에는 개발 기술을 확산시키고 2026년까지 케어팜 프로그램 참여자 수를 60만 명까지 확대하는 것이다. 케어팜 시설은 농장 단위에 체계적인 프로그램을 제공하는 선도농장을 육성하고, 마을 단위로는 농촌 경관, 지역문화 콘텐츠 경험, 참여자 심신 스트레스 해소 등 일상 회복 프로그램을 제공하는 마을을 육성하며 세 가지 유형으로 육성할 계획이다.

첫째, 교류 치유형은 커뮤니티 공간, 마을판매장, 야외 전시 공간, 공동 치유 텃밭 등으로 이용할 수 있다. 둘째, 휴식 치유형은 수 치유 시설, 나무 그늘 쉼터, 경관 감상실, 숲속 쉼터 등으로 제공된다. 셋째, 운동 치유형은 힐링워킹길, 피톤치드 체험 공간, 자전거 운동길, 어린이 에코힐링놀이터 등으로 활용할 수 있다. 기관 단위의 경우 병원, 사회복지기관 등에 치유 대상과 보호자가 함께 이용할 수 있는 치유농업 프로그램 보급 및 환경을 조성할 계획이다(농촌진흥청, 2022).

Eweg and Hassink(2009)에 따르면, 그린케어 농업의 가장 중요한 성공 요소는 고객, 관리재단, 지방자치단체, 보험회사, 농장주들을 연결하고 지원하는 전문적인 중간조직 기관을 개발하는 것이다. 그렇게 개발된 조직은 그린케어 농업을 도입하고자 하는 나라에 기여할 수 있으며 그린케어 농업은 수도권 지역의 다양한 사회문제를 해결하고 농민들에게는 이러한 문제해결에 도움이 되는 역할을 제공한다.

이러한 심신치유 중심의 케어팜이 이용자들의 심신치유를 위한 서비스를 제공하고 본연의 목적을 달성할 수 있는 성공 요인으로, 김미옥(2019)은 전문성, 안정성, 경제성, 접근성을 강조한다. 황정섭·황윤민(2020)은 홍보, 경제적 지원, 서비스 전문화, 시설 확대, 접근성 개선 등의 요인을 제시하고 있다.

배승종 외(2019)는 접근성, 홍보와 정보, 프로그램 다양화, 전문인력 강화 등의 필요성을 강조하고 있으며, 이는 케어팜 운영에 있어서 농업과 복지의 유기적 연계를 전제하고 있다.

1.3 케어팜과 심신치유의 특징

케어팜은 심신치유를 목적으로 각종 치유 서비스 활동을 제공한다. 이러한 활동의 총칭이 치유농업이며 기본적 개념은 '치유를 위한 농업의 활용'이라는 의미를 내포하고 있다. 좀 더 구체적으로 케어팜 활동을 정의하자면 식물, 동물 등 농업의 소재나 그 산물을 활용하거나 농촌의 환경, 문화 등의 자원으로 사람의 심리적, 사회적, 신체적 건강을 도모하는 농업이나 활동을 의미한다(농촌진흥청, 2020). 케어팜은 농장주, 건강 보호 기관, 사회 보호 기관, 프로그램 참여자 간의 파트너십이 중요하며, 다양한 사람들에게 농업을 통해 건강, 사회적 이익, 교육적 이익을 줄 수 있는 활동을 의미한다. 이러한 케어팜 활동은 다기능적 농업(Multifunctional agriculture)과 지역사회 기반 건강치유(Community-based health care)의 2가지 개념에 기반하고 있다(농촌진흥청, 2016).

케어팜 생태계는 목적에 따라 치유 중심, 고용 중심, 교육 중심의 치유농업으로 구분할 수 있으며, 각각의 목적과 대상에 따라 치유, 고용, 교육에 집중할 수 있는 케어팜의 서비스 구조와 프로세스를 제공한다.

Sempik, Hine, and Wilcox(2010)의 녹색치유우산(Green care umbrella) 분류에 따르면, 녹색 치유(Green care)의 세부 영역에 해당한다. 녹색 치유의 영역은 사회적·치료적 원예, 동물매개치료, 케어팜, 치료로서 녹색운동, 생태치료, 야생(자연) 치료로 구분한다.

첫째, 사회적·치료적 원예는 원예를 생활에서 충분한 기쁨과 만족감 증진에 활용하며 사회적 교류와 상호작용이 치료 활동에 주된 역할을 담당하는 것이다.

둘째, 동물 매개 치료는 프로그램에서 동물을 적극적으로 활용하는 모든 활동을 말한다.

셋째, 케어팜은 농업 활동에 참여하여 농작물을 심고 재배하면서 육체적·심리적·정신적 치유를 체험하게 하는 것이다.

넷째, 치료로서 녹색운동은 인간이 자연에서의 상태로 하는 신체적 활동을 말하며, 일반적인 야외활동도 포함하고 있다.

다섯째, 생태치료는 단기적인 계획이 아니라 장기적으로 생태계를 조성하거나 보존하며 스스로 목표 의식을 가지고 동물과 식물을 포함한 자연 상태 그대로 노출되어 활동하는 것이다.

여섯째, 야생(자연) 치료는 인적이 드문 곳과 특별한 야외공간에서의 경험을 통하여 일부 행동을 교정하는 것이다

〈그림 3〉은 녹색치유우산(Green care umbrella) 분류에 따른 녹색 치유 영역을 보여주고 있다.

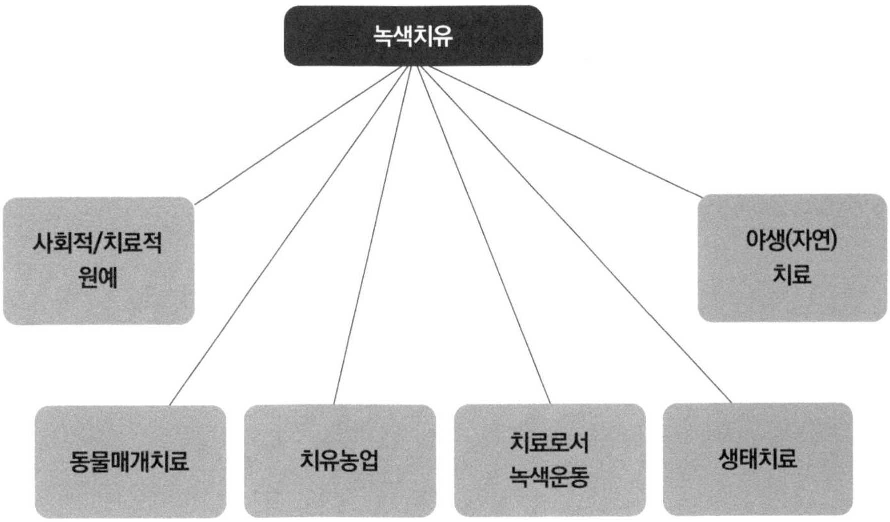

〈그림 3〉 녹색치유의 영역: 녹색치유우산(Green care umbrella)[8]

8) 출처: Sempik, Hine and Wilcox(2010)

〈그림 4〉 주요국의 케어팜 발전과정[9]

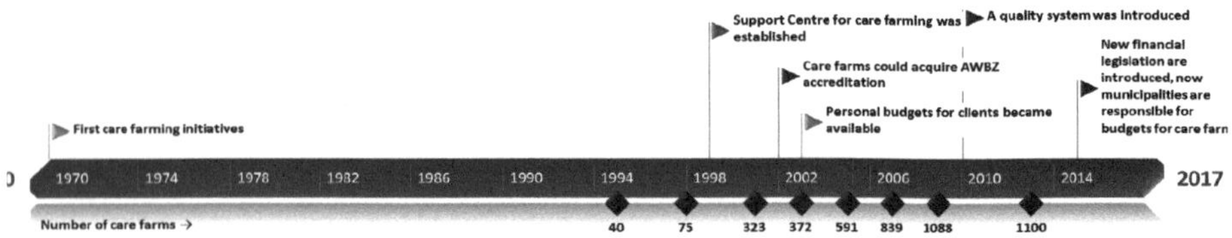

Development of care farming in the Netherlands

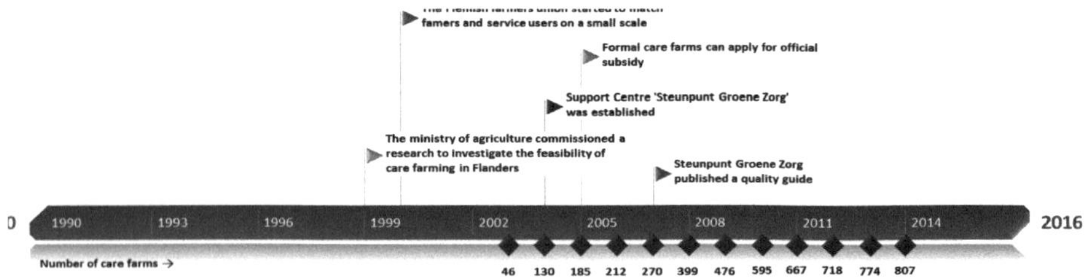

Development care farming in Flanders

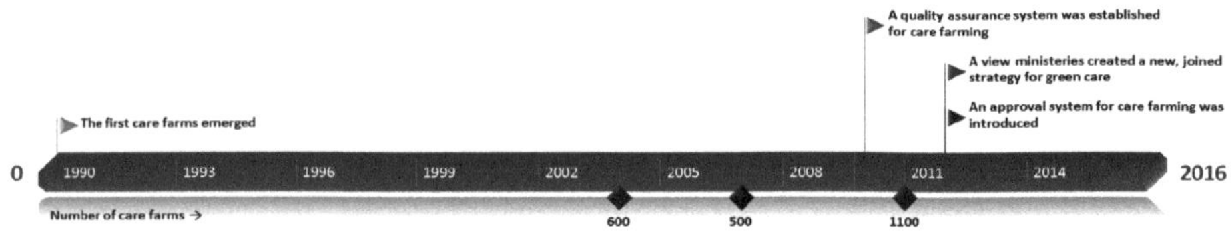

Development of care farming in Norway

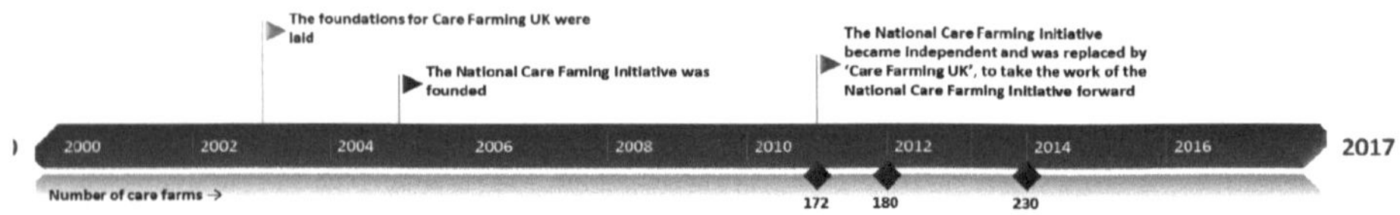

Development of care farming in the UK

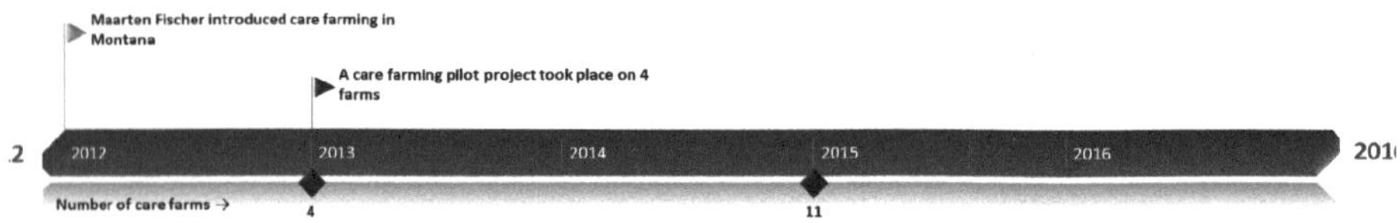

Development of care farming in Montana

9) 출처: Buist(2016)

Buist(2016)에 의하면, 〈그림 4〉에서와 같이 주요국의 케어팜은 각각의 고유한 발전과정을 거쳤다. 네델란드, 벨기에(플랜더스), 영국, 노르웨이, 미국(몬태나) 등의 케어팜 발전과정에서 보여지는 것처럼 다양한 요인이 작동하고 있다. 케어팜으로의 혁신적 전환과정은 농업 부문과 복지 부문 사이의 틈새 혁신에서 시작되어 관점과 인식의 변화가 시작되고 구조와 체제의 변화로 이어지며 다양한 프로세스를 거치게 된다. 발전과정에서 국가와 참여자들의 리더십이 중요한 역할을 하게 되며 이는 농업과 복지의 연계에 큰 역할을 하게 된다.

전호성·임영언(2022)에 따르면, 일본과 네덜란드의 농업-복지 연계 케어팜의 전개과정 비교 연구를 통해 일본과 네덜란드의 케어팜은 각국의 농림수산성과 후생성이 협력하여 농업과 복지 연계사업으로 전개되었다. 지역소멸과 인구감소에 따라 전개된 두 나라 케어팜의 특징은 일본이 농촌 일자리창출과 부가가치 창출에 초점이 맞추어져 있고, 네덜란드는 농업의 다기능적 전개의 하나로 개별농업경영체가 케어팜으로 전환했다는 점이다. 이러한 일본과 네덜란드 케어팜의 정책 사례는 향후 한국에서 농촌의 사회적 문제해결 차원에서 일본의 일자리 창출과 농촌 부가가치 창출에 역점을 둘 필요도 있겠지만, 이용자의 다양성 측면과 지속가능한 수익모델을 지향한 네덜란드 모델을 결합한 융합모델 방식으로 보건복지부와 농림축산식품부의 부처 간 협력 방안이 선결되어야 할 것으로 제안하고 있다.

최근 케어팜은 농업의 새로운 기능과 역할 또는 사회복지를 실현하기 위한 주요 수단으로 기능하고 있으며, 농업과 사회복지 영역의 융합 관심이 점차 증대되는 상황이다(이상우 외, 2020). 케어팜 분야의 연구는 노인, 장애인, 아동 등의 재활, 교육, 사회적응이나 고용, 자립을 위한 복지와 농업의 융·복합 사례 발굴, 효과성을 검증하는 연구가 진행되고 있다(임송수·임지은, 2017). 이에 따라 심신치유의 대상인 사회 취약계층의 치유와 회복을 위한 측면에서 케어팜 활동이 활성화되고 있다.

Bragg et al.(2016)에 따르면 케어팜은 사회 및 원예치료, 가축이 수반된 치유 서비스 등을 모두 포함하고 있는 집합적 개념인 '녹색 돌봄'(Green care)'의 한 형태이다.

케어팜을 포함하는 녹색 돌봄은 사회적 취약계층(지적 또는 신체장애나 질환자, 사회나 교육체제 부적응자, 노인, 장기 실업자 등)이 자연과의 접촉을 통해 신체, 사회, 교육적 치료 효과를 배가시키고자 하는 활동이다. 참여자에게 정신적, 육체적 건강의 혜택을 제공할 뿐만 아니라 복지 향상과 농촌-도시의 연계 강화와 같은 긍정적인 사회적 효과도 제공하게 된다(Hassink et al., 2007).

〈표 5〉와 같이 케어팜의 공급 주체에 따라 구분할 수 있으며 각각의 특징을 보여주고 있다.

〈표 5〉 케어팜의 공급 주체에 따른 분류[10)]

공급주체/부문	건강	건강/농업	농업	노동	사법
공공부문	독일, 슬로베니아, 아일랜드, 이탈리아	-	-	-	이탈리아
제3부문	이탈리아	-	-	프랑스, 벨기에, 이탈리아	-
민간	-	네덜란드	이탈리아, 벨기에, 노르웨이	-	-

임송수·김승애(2016)에 따르면 건강과 관련하여 농업을 활용하는 독일, 슬로베니아, 아일랜드, 이탈리아, 오스트리아 등은 공공부문 또는 제3부문(3rd sector)이 주요 공급 주체이며, 공공부문이란 보호작업장, 노인병원, 정신과 병원 등을 말하고, 제3부문은 비정부기구나 비영리단체를 지칭한다. 네덜란드의 경우 건강 부문과 농업 부문이 직접 협약을 맺고 돌봄서비스를 제공하는 특징을 가진다. 프랑스, 벨기에, 이탈리아 등 여러 나라들은 노동 부문과 농업을 연계한 서비스를 제공하고 있다. 곧 농업 관

10) 출처: Di Iacovo and Vadnal(2009)

련 프로젝트에 자금을 지원하여 중장기 실업자들의 노동 통합과 포용을 촉진하는 것이다. 노르웨이의 경우 학교 프로그램에 적응하지 못하는 청소년을 대상으로 케어팜 활동을 적용하고 있다고 한다.

〈표 6〉과 같이 케어팜의 운영형태에 따라 농업생산 중심, 치유 중심으로 구분할 수도 있으며 농업생산 중심의 케어팜은 농장주의 주도로 전원의 농장에서 이루어지는 농업 활동을 통해 치유가 이루어지고, 치유 중심의 케어팜은 외부 기관이나 자선단체와 연계된 농장에서 치료사 주도로 농업과 치유 활동이 이루어진다. 이처럼 케어팜 생태계는 다양하게 구성될 수 있으며 영역에 따라 다른 특징들을 보인다(Di Iacovo and Vadnal, 2009; Hine et al., 2008).

〈표 6〉 케어팜의 운영[11]

구 분	농업생산 중심 치유농업	치유 중심 치유농업
농장형태	• 독립적인 개인 농장	• 외부 기관(교도소, 치료기관, 학교, 병원, 치유기관, 자선단체 등)과 연계된 농장
참여자 인식 및 요구	• 농업 시스템의 일부로서 참여자 • 농업 및 치유 관련 체험 요구 (스트레스 회복 등)	• 농업과 독립적인 참여자 • 완벽한 육체적 자활 요구 (약물/알코올 남용 치료 등) • 치유와 관련된 일정 수준의 지원에 대한 요구 (청소년, 유아, 정신건강 등)
프로세스 및 기능	• 농장이 필요한 다기능	• 농장이 반드시 필요하지는 않은 다양성
참여자 규모	• 소규모	• 대규모
치유형태	• 긴장완화	• 치료 및 치유
지역	• 전원 중심	• 전원 + 도시
주요 수입원	• 농업생산	• 치유
리더십 및 주도자	• 농장주 주도	• 치료 및 치유사 주도

11) 출처: Hine et al.(2008), 재구성

심신치유와 사회통합 목적의 혁신적인 케어팜의 발전과정은 국가별로 전개 과정과 영향요인이 다양하게 나타난다. Hassink et al.(2013)에 따르면, 네덜란드는 케어팜 혁신생태계 구축의 가장 성공적인 국가 중 하나이며, 농업과 돌봄 부문 간의 격차 해소와 지속가능한 자금 조달 구조 구축 등이 큰 과제였다. 네덜란드의 사례는 케어팜의 도입과 발전에 있어서 다양한 이해관계자의 인식과 참여, 프로세스 및 구조에 대한 이해 등 여러 사회적 요인에 대한 고려를 통해 문제를 해결했으며 이는 케어팜 성장의 중요한 요인임을 보여주고 있다. 또한 치유농업의 핵심 참여 주체인 케어팜마다 성공에 영향을 미치는 주요 요인은 농업과 복지를 융합하는 특성에 따라 초점이 다르다. 농업과 복지의 이질적이고 독립적인 두 부문을 융합하는 케어팜의 본질적인 하이브리드적 특징은 시행과정에서 몇 가지 문제를 파생시키며 이 부분의 융합이 성공의 열쇠이다(Hassink et al., 2013).

Hine et al.(2008)에 따르면, 농업 중심의 케어팜은 전원의 농장에서 농업 활동을 통해 농장주의 주도로 치유가 이루어지고, 치유 중심의 케어팜은 외부 기관이나 자선단체와 연계해 치료 등이 치유사 주도로 이루어진다는 점에서 농업과 심신치유 활동의 리더십에서 차이를 보인다. 따라서 케어팜 참여자의 인식과 요구, 형태와 지역 등의 구조, 기능적인 프로세스, 치유농장 운영 주도자의 리더십에서 다양한 특성을 가지게 된다.

유지윤·오문향(2020)에 의하면, 케어팜 모델은 현재 보건복지부가 추진하고 있는 지역 커뮤니티 케어 사업의 한계를 극복할 수 있는 대안이자 농촌에서의 힐링을 활성화하는 방안이며, 국내에 적용하기 위해서는 관련법 정비 및 건강보험을 활용한 재원 마련이 필요하다.

신속한 추진을 위해서 치매 환자 및 경증 치매 노인을 주 대상으로 지정할 필요성이 있으며, 부정적 영향을 최소화하기 위하여 초기에는 국가에서 농장을 소유하는 방안이 모색될 필요성이 있다. 따라서, 성공적인 정착을 위해서는 농림축산식품부와 보건복지부의 협업이 필수적임을 강조하고 있다.

심신치유를 목적으로 운영되는 케어팜은 국가별 발전과정, 공급 주체와 운영형태에 따라 다른 특징들이 존재한다. 국내에 도입된 케어팜의 경우에도 법률과 제도의 시행 과정에서 치유농업과 사회적 농업의 차이를 보이며 각각 성장해가고 있다. 이와 같이 다른 특징들을 보이는 케어팜 생태계의 영향요인과 운영전략을 융합적으로 분석하고 전략적 시사점을 도출하는 것은 향후의 발전을 위한 측면에서 중요한 의미가 있다.

제2절 사회-기술 전환이론과 케어팜

2.1 사회-기술 전환이론의 개념

전환이론(Transition theory)은 네덜란드에서 형성되고 발전되었으며, 하나의 동적 균형(Dynamic equilibrium)에서 새로운 동적 균형으로의 변화를 설명한다. 네덜란드의 전환이론 연구자들이 정의하는 전환은 "사회의 구조적 특성 또는 복잡한 하위 시스템이 근본적으로 바뀌는 점진적이고 지속적인 변화 과정"이다(Rotmans et al., 2001). 전환이론에서 도출된 정책 처방을 실제 정책에 적용함으로써 네덜란드는 세계적 관심을 받고 있다. 네덜란드의 전환관리는 생물다양성, 농업, 교통과 에너지 등에 활용되고 있다. 가장 대표적인 네덜란드의 전환정책으로는 지속가능한 에너지 전환이 있다. 그 외에 생물다양성과 자연 자원의 지속가능한 활용 전환, 지속가능한 농업 전환, 지속가능한 교통 전환 등이 있다(Van der Loo and Loorbach, 2012).

전환은 장기간에 걸쳐 발생하고 진행되며 다양한 이해관계가 형성되는 복잡한 과정이다. 따라서 실천적 측면에서는 〈그림 5〉와 같이 전환관리 비전 및 목표 수립→전환 이미지 및 전환경로 설정→전환실험→모니터링 및 평가, 학습으로 이어지는 운영모델인 전환관리 싸이클을 통해 적용된다(Loorbach and Rotmans, 2006).

〈그림 5〉 전환관리 운영모델[12)]

전환 연구에서 사회적 기능을 수행하는 시스템은 기술적 요소뿐만 아니라, 제도, 문화, 규범, 권력 등의 다양한 사회적 요소들과 긴밀히 연계되어 있다고 전제하며, 이들 요소 및 그 관계의 변화를 통해서 시스템 성능의 변화를 설명하고자 한다. 이를 위해 전환 연구는 다층적 관점, 기술혁신 시스템(Technical innovation system), 전략적 틈새 관리(Strategic niche management), 전환관리(Transition management) 등의 다양한 이론적 접근을 상호 연계하며, 사회-기술 시스템의 구조적 변화를 분석하고 정책적 처방을 제시한다(이영석·김병근, 2014).

정병걸(2015)에 따르면, 네덜란드 농업의 경우에 새로운 기술, 기계화, 화학비료 사용 증가, 특화와 정부 정책 등으로 20세기를 거치면서 농업 생산성은 크게 높아졌다. 신기술 개발을 위한 지식 인프라 구축으로 농업 생산성 극대화 전략이 큰 성과를 거두었지만 이런 성공에도 불구하고 한계에 도달하게 되고 사회적, 경제적, 환경적인 면에서 지속가능한 농업으로 변모하기 위한 혁신의 필요성에 직면하고 있다. 이런 상황에서 농업생산 시스템의 환경적 영향에 대한 사회적 관심은 정부가 지속가능한 농업

12) 출처: Loorbach(2010)

관점에서 정책을 새롭게 되돌아보는 기회가 되었다고 한다.

이상준(2019)에 따르면, 한 사회에서 특정한 사회적 기능(에너지, 주거, 교통, 농식품 등)을 수행하는 사회·기술 시스템이 기후변화, 생물다양성의 감소(깨끗한 물, 석유, 산림, 어자원 등), 자원 고갈과 같은 여러 지속적인 환경의 변화를 추진하는 것을 '지속가능성 전환(Sustainability transition)'이라고 정의하고 있다. 최근 국내에서도 시스템의 근본적인 변화를 다루는 전환 문제에 관심이 높아지고 있다. 특히 도시, 에너지, 교통과 식품 등의 전환에 관한 연구가 이루어지고 있다(정병걸, 2015).

송위진(2013)에 따르면, 우리가 접하는 사회문제가 현재 사회·기술 시스템의 구조적 한계에서 유래한다고 본다. 현 사회·기술 시스템에서의 개선 활동으로는 근원적 문제해결이 어렵다고 파악하고 문제를 해결하기 위해 새로운 기술과 활동 방식, 하부구조, 시장으로 구성된 사회·기술 시스템으로의 전환을 주장한다. 20~30년의 시야를 가지고 전환을 달성하기 위해 정책과 사업을 구성하고 의미를 부여하는 접근을 취한다. 비전에 입각한 사회·기술혁신을 추진하는 것이다.

또한 질병 발생 후 그것에 대응하는 것보다는 질병의 사전 예방에 중점을 맞추는 보건·의료시스템, 폐기물의 사후 처리보다는 폐기물을 재순환하고 사전에 발생을 억제하는 자원순환 시스템, 재해 발생 후 복구보다는 재해를 예방하거나 사전에 관리하는 위험 대응 시스템, 다양한 하부구조와 교통수단을 개발하여 이동 활동을 확대하는 것보다는 이동량 자체를 축소하는 이동시스템을 지향한다. 질병 치료, 폐기물 처리, 재해 복구, 교통 효율화에 초점을 맞추는 정책만으로는 문제해결이 어렵다고 보고 새로운 시스템으로의 전환을 추진하는 것이다.

〈표 7〉은 기존 정책과 전환적 혁신정책의 차이를 보여주고 있다.

〈표 7〉 기존 정책과 전환적 혁신정책의 차이[13)]

	기존 정책	전환적 혁신정책
정책 수준	과학기술, 산업영역에서의 혁신	사회 전체 수준에서의 혁신
주요 관심 영역	혁신 공급에 초점	혁신수요와 공급의 통합에 초점
시민사회	혁신 활동의 영역과 주체가 아님 혁신 결과의 수동적 사용자	사회 도전과제 해결을 위해 시민사회는 혁신활동의 주요 영역이며 주체 혁신 전 과정에 능동적 주체로 참여
정부의 역할	혁신 활동 촉진을 위한 연구개발 투자와 제도적 기반 구축	사회적 도전과제 해결과 과학기술혁신 활동의 연계를 위한 플랫폼 구축 사회문제 해결을 위한 선도투자 (시장형성과 연구개발투자)기업들의 투자 유도
산업혁신	산업혁신 촉진을 위한 혁신 투자와 제도의 형성	사회적 도전과제 해결에서 접근하는 산업혁신
사회혁신	사회는 혁신 활동이 이루어지는 영역이 아님	사회는 혁신 활동이 이루어지는 영역이며 전환적 혁신의 관점에서 진행
지역혁신	연구기관, 기업 등의 혁신역량을 강화하여 지역의 혁신 기반 구축	지역이 직면한 문제해결을 위해 지역이 중심이 되는 추체들의 조직화 및 혁신 활동 수행

전환이론은 개인적 관점의 심리학적 접근, 학습적 관점의 교육학적 접근, 사회-기술 관점의 사회학적 접근에 따라 개념적 차이를 갖는다. 먼저 개인적 관점의 심리학적 접근은 개인의 위기 극복 측면에서 Scholossberg(1981)에 의해 전환이론이 정의되었다. Apter(1989)는 모드에 따른 전환의 개념으로 전환이론을 설명했으며, Kirk(1996)은 개인에게 발생하는 전환의 유형으로 예측된 전환, 예측하지 못한 전환, 비활성화 전환으로 나누고, 이에 기반하여 전환모형을 제시했다. 전환모형은 상황적 요인, 개인-자기적 요인, 지원-지지 요인, 전략 요인으로 구성된다. 사람들은 이러한 요인들을

13) 출처: 성지은 · 송위진(2021), 일부 수정

기반하여 상황을 수정하고, 문제의 의미를 통제하며, 스트레스를 관리하는 다양한 접근으로 주어진 불확실하고, 혼란스러운 현상을 전환하려고 노력한다.

학습적 관점의 교육학적 접근은 Wilson(2007)이 변화를 위한 학습에 초점을 맞춰 학습자가 자신과 자신을 둘러싸고 있는 환경을 이전과는 완전히 다른 눈으로 살펴보고 새로운 해석으로 관점을 새롭게 바꾸는 것을 전환으로 정의하고 있다. 이에 따라 전환학습을 스스로 가진 가정들에 대한 비판적 성찰, 반성적 통찰력과 담론 그리고 행동을 전환학습의 가장 중요한 요인으로 제시한 바 있다.

Gale and Parker(2014)는 해방철학을 기반하여 광범위한 틀 속에서 급격한 사회적 변화를 추구하는 관점에서 전환이론을 제시한다. 거시적 차원에서 개인의 임파워먼트는 사회변화와 분리될 수 없는 만큼 자신만의 세계를 전환하기 위한 학습효과를 강화하기 위해서는 세계적 성찰과 행동이 요구된다고 주장하고 있다.

사회-기술 관점의 사회학적 접근은 1990년대 후반 유럽지역 혁신 관련 연구자들에 의해 구축된 이론으로 특히 정책적 함의를 도출하는데 활용된다(Pickel, 2001). 이러한 접근은 전략적 니치 관리, 기술혁신 시스템 이론, 전환관리, 다층적 관점 등의 이론으로 발전되었다. 현재는 사회·기술 시스템의 전환 양상을 분석하기 위해 거시수준의 사회·경제·물리적 환경(Landscape), 중간수준의 사회·기술 체제(Regime), 미시수준의 틈새(Niche)라는 기능적 공간을 구분하고, 그 공간별로 공유한 구조, 문화, 실행(Practice)을 가진 주체들 사이의 상호작용을 분석하는 다층적 관점(Multi- Level Perspectives, MLP)으로 설명된다(Upham et al., 2020).

2000년대 중반부터 사회 전환 현상이 복잡해지고, 전환의 영향변수들이 확대되면서 전환에 대한 원인과 과정을 분석하고 대응하는 데 있어서 기존 이론들이 한계에 봉착하게 되었다. 이에 1990년대부터 구축되었던 사회-기술 전환이론은 1990년대 후반 유럽지역의 혁신 관련 연구자들에 의해 장기적인 목표지향과 전환적 사고를 바탕으로 한 통합적인 정책과 전략 접근법으로 활용되기 시작했다(성지은·송위진, 2007). 이에 따라 강조된 것이 다층적 관점이다. 이러한 다층적 관점은 복잡한 사회 현상과 전환의 영향 변수들의 확대를 극복하기 위한 전략적 접근 방법으로 다양하게 활용되고 있다.

〈그림 6〉을 통해 전환이론의 발전과 주요 연구의 흐름을 파악할 수 있다(Markard et al, 2012).

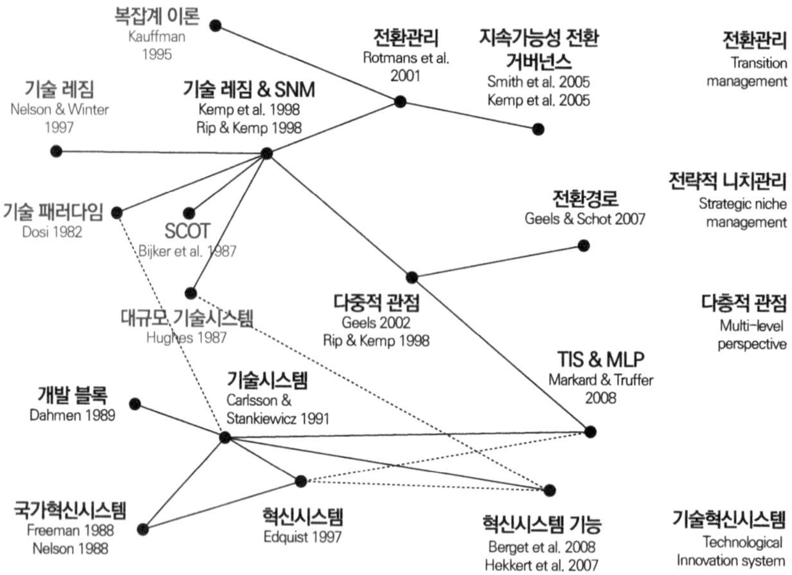

〈그림 6〉 전환이론 발전과 주요 연구[14)]

니치에서 혁신을 통해 내부적 역량을 구축하고, 거시환경의 변화를 통해 레짐의 불안정화를 촉진한다. 결과적으로 니치에 대한 혁신과 레짐의 촉진이 새로운 기회를 형성하게 된다는 전제 아래 구축되는 다층적 관점은 전환을 구성하는 니치, 레짐, 거시환경 세 계층 간의 상호작용을 제시한다. 특히, 임송수(2017)는 사회-기술 전환이론

14) 출처: Markard et al.(2012)

의 다층적 관점을 강조하며, 새로운 사회·기술 실험이 이루어질 것으로 여겨지는 틈새를 강력하게 만들어 시스템 혁신을 위한 기반을 확보하는 것이 필요하다고 주장한다. 그리고 다층적 관점 분석과 처방을 위한 가장 기본적인 프레임으로 '미시수준에서 틈새(Niche)', '중간수준에서 사회·기술 체제(Socio-technical regime)', 거시수준에서 '사회·경제·물리적 환경(Landscape)'을 구성 요인과 단계 모델로 제시하고 있다.

〈표 8〉 전환이론의 특징 비교[15)]

구분	전환관리	전략적 니치관리	다층적 관점	기술혁신시스템
목적	• 전환을 거버닝하기 위한 운영적 프레임워크 제시	• 신기술 상용화를 위한 보호공간의 형성 및 운영 프레임워크 제시	• 복잡한 사회-기술 전환에 대한 다층적 분석 프레임워크 제시	• 신기술 확산의 시스템적 장애 요인에 대한 분석적 프레임워크 제시
성격	• 처방적	• 처방적, 분석적	• 분석적	• 분석적, 처방적
분석 대상	• 사회적 기능	• 기술	• 사회적 기능	• 기술
핵심 주체	• 혁신적 행위자 • 정부	• 니치 행위자 • 정부	• 사회적 행위자	• 기업 • 정부
주요 전환 과정	• 전환비전 및 목표 설정 • 전환이미지 및 전환환경으로 구축 • 전환실험 추진 • 모니터링 및 학습	• 기대와 비전 형성 • 사회적 네트워크 구축 • 학습	• 니치 혁신은 내적 탄력을 구축 • 거시환경은 레짐에 압력을 형성 • 레짐의 불안정화와 기회의 창 생성	• 행위자의 진입 • 사회-정치-학습 네트워크의 구축 • 제도적 조정 • 지식 및 인공물의 축적 및 확산

틈새는 새로운 혁신이 발생하는 부화 공간으로 경험을 통한 연구와 배움이 이루어지며, 이해당사자 간의 사회적 연결망을 지원하는 공간과 시간을 제공한다. 거시수준

15) 출처: 이영석·김병근, 사회-기술 전환이론 비교 연구(2014)

에서 환경의 변화와 주류시장의 기조가 기존체제에 압력을 행사하면 틈새의 혁신이 촉발되게 된다. 실제로 네덜란드의 경우 사회적 변화와 기업가 정신에 자극받은 헌신적인 혁신가들에 의해 케어팜이 출발할 수 있었으며 이들은 농업과 복지 부문 사이의 틈새를 공략한 것으로 해석할 수 있다(Buist, 2016). <표 8>은 전환이론의 특징들에 대해 목적, 성격, 분석 대상, 핵심 주체, 주요 전환과정으로 구분하여 비교하고 있다.

2.2 사회-기술 전환이론과 케어팜

사회-기술 전환이론의 다층적 관점은 사회-기술 시스템의 변화를 거시환경(Landscape), 레짐(Regime), 그리고 틈새(Niche)의 세 층위의 상호작용으로 설명하면서, 시스템 전환을 분석하는 데 유용한 프레임을 제공하고 있다.

현행 사회-기술 시스템을 지배하는 레짐이 국제협약과 같은 거시환경의 압력에 의해서 변화를 강제받고 있는 상황에서 레짐 주변부 혹은 외부의 틈새에서 등장하는 새로운 기술, 제도, 문화 요소들의 도전과 성장을 통해서 변화하게 된다고 시스템 전환의 동학을 설명한다(Geels and Schot, 2007).

전환이론의 세계적 추세에 따라 국내의 많은 선행연구에서 사회-기술 전환이론을 혁신정책과 연계하여 다각적으로 고찰하고 정책전략의 검증 및 보완을 제시하고 있다(성지은·조예진, 2013; 성지은 외, 2012; 박동오·송위진, 2008). 다층적 관점은 이해관계자 다양성이나 미시적 시스템의 상호작용과 세부 문제해결 방법까지 제시하지 못한다는 한계가 있지만, 다차원적 분석을 기반하여 특히 외부 환경의 충격이나 변화를 고려한 거시적인 환경을 포함하여 문제를 해결할 수 있다는 장점을 가지고 있다.

〈그림 7〉은 다층적 관점에서 본 사회·기술 시스템의 전환에 대해 틈새, 사회-기술 체제, 환경변화의 상호작용을 설명하고 있다(Geels, 2004).

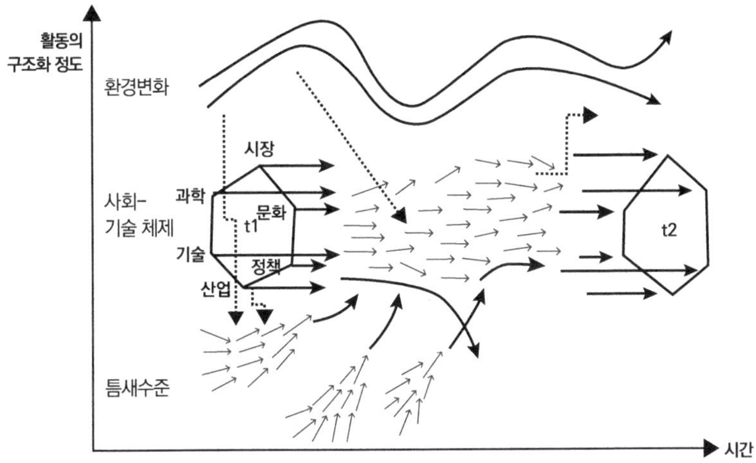

〈그림 7〉 다층적 관점에서 본 사회 · 기술 시스템의 전환[16)]

Landry et al.(2013)은 케어팜의 발전을 설명할 수 있는 가장 유력한 이론 가운데 하나는 이른바 전환이론(transition theory)이며, 곧 다층적 관점(Multi-level perspective)이라고 주장했다. 또한 정병걸(2014)은 네덜란드의 사례를 통해 지속가능한 자연 자원의 활용을 통해 농업 전환을 고려하기 위한 측면에서 전환이론을 기반한 정책 적용과 방법을 제시한 바 있다.

결국 케어팜은 전환이론 아래 지속가능 농업이란 환경이 제시한 기회 공간에서 사회적 농가들이 혁신 주체로서 효과적으로 활동하여 기존의 전통적 사회기술 체제를 새롭게 혁신적인 사회기술 체제로 전환한 결과로 나타난 것으로 설명할 수 있다(임송수, 2017). 단순히 농업의 발전이나 미래적 접근이 아닌 사회적 농업 활동으로서 거시 환경 및 사회시스템이 연계된 추진 전략과 정책적 지원이 필요한 분야이다(임송수·임

16) 출처: Geels(2004)에서 일부 수정

지은, 2017). 이제 단순히 관광이나 체험, 힐링 프로그램 개념을 넘어 다양한 사회 취약계층의 치유 역할을 하는 농업과 복지 연계 서비스로 발전하고 있는 만큼 다층적 관점에서의 전환 방향에 대해 모색하고 적용할 필요가 있다.

제3절 공공서비스 혁신관점과 케어팜 생태계

3.1 공공서비스 혁신의 필요성

시대 환경변화에 따라 공공부문에서도 수요자 중심의 서비스 전달체계로의 혁신 방안 모색을 위한 다양한 방안이 논의되고 있다. 과거 국가 및 귀속 집단의 '대리인(Agent)'에 불과하였던 기업, 학교, 공공기관 등은 행위자 지위를 가진 '조직(Organization)'으로 전환되었으며, 이들은 이제 사회 전반에 걸친 '보편적' 운영원리를 바탕으로 자신들의 주체적인 역량을 발휘하고 있다(Drori et al., 2003; Meyer et al., 2006). 경쟁과 협력의 범위가 확장되고 불확실성이 높아짐에 따라 그에 효과적으로 대처할 수 있는 조직 구조나 복잡한 문제를 해결할 수 있는 역량이 더욱 필요해졌기 때문이다(Meyer, 2002).

공공부문의 경우, 제2차 세계대전이 끝난 직후 약 30년 동안 정부가 사회안전망을 구축하고 각종 사회, 경제적 규제를 확대하는 데 적극적인 노력을 기울여왔다(Lee and Strang, 2006). 그러나 그로 인해 정부 규모가 팽창하였으며, 급기야는 1970년대 후반에 경제 위기를 초래하였다. 이에 '결과', '성과'를 강조하는 '신공공관리론(New Public Managemen)'이 1990년대 중반에 정부혁신을 위해 중요한 패러다임으로 등장하였다(Moynihan, 2006).

신공공관리론의 세계적 확산에 따라 정부의 규모와 기능을 대폭 축소하는 '작은 정부론'과 전통적인 관료제적 운영방식으로 발생하는 비효율성을 개선하기 위한 '성과주의'의 열풍을 가져왔다. 또한 민영화를 비롯해 개방형 임용과 노동유연화 등의 제도가 도입되었다. 정부는 민영화, 아웃소싱 등을 통해 기존에 정부가 담당하던 기능을 민간 부문으로 이양시키고 성과평가, 성과급 등의 시장 원리를 도입하였다(Brown and Potoski, 2003; Dahlstrom and Lapuente, 2010; Lee and Strang, 2006; 김정숙·엄영호, 2018).

결과적으로 조직 운영의 원리들이 민간/공공을 넘어 융복합적으로 나타나면서, 공공성, 공공가치의 개념은 더 넓어지고 모호해졌다. 일반적으로 공공가치는 정부가 창출하거나 시민으로부터 요구받는 다양한 가치들을 일컫는다(Kelly and Muers, 2002).

Alen(2001)은 시장을 통해서 공급되는 모든 재화와는 다르게 공공재화는 다음과 같은 속성을 보유하고 있다고 주장한다. 첫째, 개인이나 혹은 소그룹에 의해 공급되기보다는 공적인 공동의 소유 주체가 생산하여 공급하는 재화 둘째, 재화의 가격이 수익을 추구하지 않는 수준에서 공동으로 결정되어 공급되는 재화 셋째, 비용을 지불하지 않는 무임승차의 방식으로 재화가 사용되는 것 자체를 배제할 수 없는 재화 넷째, 소비과정에서 재화를 둘러싼 경쟁적 관계가 형성되지 않는 재화 등이다.

강남훈 외(2010)에 따르면, 1970년대 후반 복지국가 정책 및 경제발전 정책의 위기에 직면했던 선진 자본주의 국가들뿐만 아니라 1960년대 후반 이후 순환적 공황 국면에 직면하고 있는 한국에서도 현재까지 공기업 민영화 정책을 추진하고 있다. 김영삼정부가 공공부문 구조조정의 조건을 마련하고, 김대중정부는 하드웨어(Hardware)방식의 구조조정 정책을 집행하였다. 노무현정부는 소프트웨어(Software)방식의 구조조정 정책, 즉 공공부문의 경영효율화를 중심으로 공공부문 구조조정 정책을 집행하였다. 뒤이은 이명박정부에서도 이전의 세 정부가 추진했던 공공부문 구조조정 정책을 종합적으로 완성하려고 하였다.

오건호(2003)에 따르면, 사회 공공성은 자본주의 체제의 핵심 기제인 시장과 이윤에 대항하는 탈시장, 탈수익성의 관점 아래 모든 국민에게 필요한 공공서비스를 제공하는 것이기 때문에, 노동자들은 의식주, 의료와 교육, 정부의 각종 정책, 환경, 농업, 여성, 사회복지 등에서도 공공적인 운영체계를 확보해야 한다고 제기한 바 있다.

김영수(2005)에 따르면, 자본주의 체제의 공공부문은 형식적으로 공공서비스를 제공하는 국가의 공공적 성격을 현실화시켜 왔지만, 실질적으로 자본축적을 촉진시키는 기능을 위해 공공부문의 소유체계 및 운영체계를 변화시켜왔다. 민주적 운영체계의 도입이나 민영화 정책 등도 자본축적의 조건에 조응할 수 있는 '정치적 공공성과 상업적 효율성을 동시에 실현하는 과정으로 보아야 하며, 자본주의 국가의 계급적 성격을 변화시키고 양질의 공공재화를 생산하고 소비하는 사회구조를 구축하기 위해서 다음과 같이 제시하고 있다.

첫째, 물질적이거나 비물질적인 완전형 공공재화의 양과 질이 지속적으로 확장되거나 높아져야 한다. 둘째, 물질적인 불완전형 공공재화의 잉여가치가 사적으로 전유되지 않아야 한다. 독과점적인 공급체계 및 수익체계에서 형성된 잉여가치가 사적 자본이나 정치적 지배 세력의 이해로 전이되어서는 안된다. 셋째, 물질적인 불완전형 공공재화의 잉여가치가 최소한의 수준이어야 한다. 최소한의 수준에 대한 논란이 제기될 수 있지만, 공공적 생산을 유지하는 수준에서 소비자들에게 값싼 가격으로 공급되어야 한다는 의미이다. 넷째, 노동자들의 계급적 이해를 중심으로 한 비물질적인 공공재화를 지속적으로 생산하기 위해서는 공공부문에 대한 노동자들의 감시장치 및 통제장치가 다양하게 구축되어야 한다.

신진욱(2007)에 따르면, 현대 사회이론에서 공공영역(Public sphere)은 흔히 의회·대중매체 등의 공론장을 의미하고 있으며, 행정학에서는 전통적으로 공공영역을 정부 조직 또는 공공부문(Public sector)과 동일시해 왔다. 그러나 이처럼 '공공적인 것'을 실체적 제도·조직 개념으로만 사용할 경우, 우리는 사회구성원들의 삶의 현장에서 공공적 개입과 문제해결이 요구되는 곳이 어디인지를 감지하지 못할 뿐만 아니라, 공공적 문제를 해결하기 위한 규범적 원칙에 대해서도 분명한 인식을 가질 수 없다고 한다.

이러한 변화에 따라 Bozeman and Moulton(2011)은 이전 논의의 한계를 지적하며 공공성과를 달성하는 정도는 단순히 정치적, 경제적 권위에 의해서 통제와 영향을 받는 정도만을 고려하는 것이 아니라 조직을 둘러싼 환경으로 정부, 정부 이외의 환경, 조직 내부 문화 등의 영향도 고려해야 한다는 점을 지적하였다.

양성욱(2015)에 따르면, 공공 행정 이론에서의 공공성 논의들이 공공영역 조직과 사적(혹은 민간) 영역의 조직을 구분하거나 둘 간의 차이점을 보는 것으로부터 시작되었으나 신공공관리 이후로 그 구분이 모호해진 데서 기인한다. 계약, 민영화, 아웃소싱 등 다양한 방식으로 민간의 개입이 증가하였고 공공조직들이 민간조직들에서 활용되는 관리 방식을 도입하는 하이브리드 조직들이 출현하면서 조직 특성은 공공성 구분의 지표로 유효하지 않게 되었기 때문으로 보았다.

결국 공공부문에서도 재원의 낭비 없이 양질의 공공서비스를 제공하기 위해 각종 개혁을 통한 효율 경영을 실천하고 있는 것이다(Bae, 2012). 이를 통해 책임성이라는 가치에 더해 효율성이라는 가치를 새로이 강조함으로써 책임성과 효율성의 조화를 꾀하고 있다. 비영리조직 역시 다양한 시장 원리들에 주목하고 있다. 전통적으로 비영리조직은 전문성이나 합리화와는 거리가 있던 자발적 성격의 결사체에 해당한다. 그러나 이들에게 행위자성이 부여되고, 그 권한과 책임이 증가함에 따라 이제 비영리조직은 특정 목적을 달성하기 위한 경영관리 활동을 통해 주체적인 능력을 발휘하기 시작하였다(Hwang and Colyvas, 2011; Meyer, 2002).

탈집중화 및 민영화, 공급 주체 다양화, 공급자 간 경쟁 강화를 통한 효율성 증대 등으로 다양한 주체들 간 새로운 관계 형성을 통해 돌봄서비스 공급 및 생산을 추구하면서 영리기업의 진출도 촉진되었다(박수지, 2009).

이러한 조건의 변화에 따라 비즈니스 스쿨 등 전문 경영인 과정을 거친 인력들을 관리자로 채용하면서 민간 기업의 경영 모델을 적용하여 구조나 관행을 변화시키고 있으며, 기금 모금에 대한 이해관계자들의 요구가 증가함에 따라 이에 관한 전략적 계획, 평가 등을 주요한 조직 활동의 일환으로 포함하게 되었다(Hwang and Powell, 2009).

이처럼 공공과 민간을 불문하고 지속가능 발전이라는 새로운 패러다임의 출현으로 기존에 추구하던 가치와 상충되는 가치를 동시에 수용하면서 역할이 변화되고 있다. 정부는 국민을 위해 공공서비스를 제공하는 역할에서 더 나아가 효율화를, 시장은 이윤 극대화 원리뿐만 아니라 책임성의 가치를 동시에 추구해 나가고 있다. 이는 효율성과 책임성을 중심으로 공공과 민간 영역의 가치가 융합되고 있음을 의미하는 것이다. 이러한 상황에서 치유 농업과 같은 사회적 기업은 기업 지향적 성격을 지니면서도 창출된 이익을 지역 사회나 소외된 자들을 위해 사용함으로써 사회적, 환경적, 윤리적 목적을 동시에 지닌 조직에 해당한다. 즉, 치유농업은 사회적 연대 강화에 초점을 둔 사회적 경제 개념에 기초하여 보편적 이익을 도모하려는 목적을 지닌다(Dart, 2004).

치유농업의 확대 현상의 이면에는 배타적인 것으로 간주되어 왔던 사회적 가치 및 경제적 가치의 조화를 중시하게 된 배경이 자리하고 있다. 공공가치 융합은 사회 전체 수준에서도 다차원적인 결과를 낳을 수 있다. 다양한 가치와 원리의 공존을 통해 사회시스템이 진화 및 발전할 수 있다는 점은 융합 패러다임의 긍정적 효과이다. 더 나아가 조직과 사회변화를 위한 자원의 수요가 증가하면 관리 패러다임의 변화에 중심적 역할을 하는 전문가 집단, 자율적 결사체 등 새로운 사회집단의 성장을 촉진하는 혁신의 효과도 존재할 수 있다.

공공성과 수익성이라는 두 가지 정책 목표를 동시에 달성하는 것은 흔히 모순적 상황으로 이어지며, 공존보다는 갈등을, 보완보다는 상충하는 관계로 인식되고 있다. 공동체의 이익을 보호하기 위하여 공공성을 추구하는 것은 비용과 관계없이 필요한 계층에게 막대한 공공재와 공공서비스를 제공하는 과정을 수반한다. 그러나 이런 경우 비용 대비 수익이 얼마나 창출되었는가를 중시하는 수익성의 경우 형편없이 낮아질 수 있다. 문제는 현실에서 흔히 상충관계를 보이는 두 지표가 실제 장기적으로 보완될 때 공공부문이 온전히 제 기능을 할 수 있다는 점이다(이민호·윤수재, 2009).

공공부문의 이러한 변화에 따라 전통적인 공공서비스 분야의 혁신 필요성이 제기된다. 상충관계인 공공성과 수익성의 조화를 꾀하는 과감한 혁신을 통해 공공서비스 전달조직이 제 기능을 다할 수 있다. 따라서 공공서비스 전달조직은 이러한 목적에 충실하여 제 기능을 다하기 위해서는 일관된 인식체계를 기반으로 고객의 욕구에 주의를 기울이고 고객이 만족하는 수준까지 서비스 내용을 명확화시켜야 한다. 이를 위해 서비스 전달 주체와 함께 고객이 만족할 수 있는 행정조직 및 프로세스를 개선하는 등 공공서비스의 혁신까지 수반될 필요가 있다.

3.2 공공서비스 혁신생태계와 케어팜

Peppers and Rogers Group(2010)은 공공서비스 생태계 모형을 적용하기 위해서 공공서비스의 이해관계자와 이용자의 선호를 파악하는 것이 선행되어야 한다고 한다. 이를 기반으로 다양한 서비스 중에서 우선순위를 설정하거나 서비스 간 상호 의존성, 통합 필요성 및 가능성 등을 파악한 후 전달 채널을 설계할 것과 전달 비용 절감 방안 마련 및 공공서비스 생태계 유지 등을 위한 정부 기관의 조직, 프로세스, 정보와 기술 등 자원관리의 중요성을 강조했다. 그리고 정부가 특별하고 차별화된 고객 경험을 전달하는 동안, 서비스 생태계에서의 고객 통찰력이 서비스 도입과 채널 혁신을 이끌어 지속적으로 공공서비스 생태계를 활성화할 수 있다고 보았다.

그러나 공공서비스 혁신의 성과를 파악하기 위해서는 서비스 전달 주체의 혁신생태계를 살펴보는 것이 중요하다. 효과적인 수요자 중심의 공공서비스 전달체계 혁신을 위해서는 공공서비스 생태계 및 공공부문 혁신생태계를 고려하여 계획을 수립할 필요가 있다. 공공서비스 생태계는 공공서비스, 공공서비스의 고객, 공공서비스의 전달경로로 이루어져 있으며 공공서비스 전달체계 혁신은 공공서비스 수혜자인 국민의 요구와 공공서비스 전달경로의 동태적 균형을 추구할 때 이루어진다(Peppers and Rogers Group, 2010; OECD, 2012).

〈그림 8〉은 공공서비스 혁신생태계를 설명하고 있다(Bason, 2018). 그런데 공공서비스 생태계를 바람직한 방향으로 유지하기 위해서는 공공부문의 혁신생태계 유지가 필수적 선행조건이라고 보아야 할 것이다.

한국 공공서비스의 혁신생태계 조성 필요성에 대해 이주호·최창용(2017)에 의하면, 지난 70년 동안 한국의 눈부신 대전환은 국제사회의 주목을 받은 바 있지만 인공지능과 빅데이터의 4차 산업혁명 시기에 한국이 또 한 번의 대전환에 성공할 수 있을지에 대한 세계의 평가는 그렇게 긍정적이지 않다. 이런 상황에서 '혁신생태계(Innovation ecosystem)'를 조성하는 것이야말로 매우 시급하고도 동시에 향후 한 세대에 걸쳐서 한국의 가장 중요한 정책과제가 될 수밖에 없다고 강조한다.

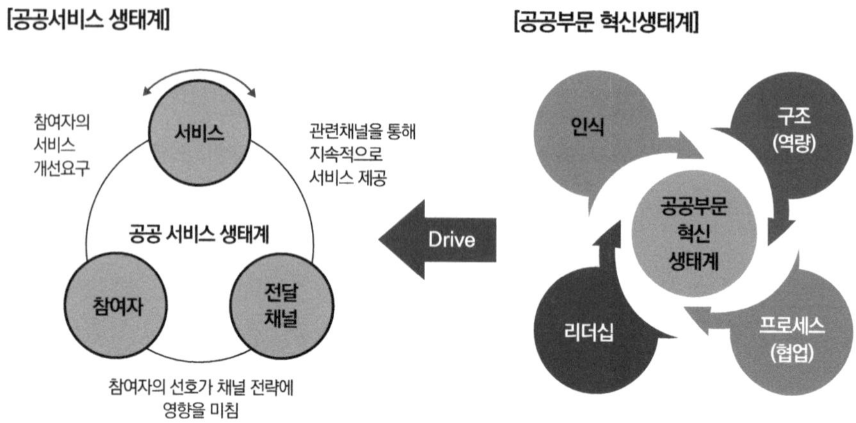

〈그림 8〉 공공서비스 혁신생태계[17]

혁신생태계는 연구개발(R&D)과 산업의 혁신을 포괄하는 개념으로 이미 알려진 과학지식의 한계를 뛰어넘는 고위험·고가치의 연구개발을 바탕으로 새로운 사업 모델, 플랫폼, 상품, 산업을 끊임없이 창출하도록 기업가, 연구자, 투자가, 공무원 등이 지속적으로 경쟁하고 협력하도록 진화하는 체계를 의미한다. 혁신생태계를 광의적으로 정의하면 인재 양성이나 노동시장까지도 포괄하는 것으로 정의할 수 있다.

정구현(2006)은 조직혁신을 통한 사회혁신 방안에 대해 세 가지의 요건인 역량(Competence), 지배구조(Governance), 변화능력(Innovation)을 제시하고 있다. 역량

17) 출처: Bason(2018)

이란 해당 업무를 수행하는 데 있어서 필요한 인적자원과 그들의 기능과 지식이다. 지배구조란 조직의 지도자를 선출하고 감시하며, 또한 그가 능력을 발휘할 수 있도록 체제를 갖추어 주는 것을 가리킨다. 다시 말하면 조직에서 리더십이 발휘될 수 있는가 하는 문제이다. 변화능력이란 환경과 기술 등 조직의 여건이 변할 때, 조직이 거기에 맞추어 스스로 변신할 수 있는가 하는 조직의 혁신 능력을 가리킨다.

〈표 9〉 공공부문 혁신생태계의 주요 요인[18]

생태계 영역	핵심 요소	공공부문 혁신을 가능하게 하는 요인
인 식	혁신환경	혁신의 개념 및 인식공유, 혁신사례를 통한 의사소통의 일상화
구 조 (역량)	전반적 구조	전반적 조직전략에 따른 혁신전략 수립(전략기획이 아닌 전략적 혁신에 중점)
	전략	전반적 조직전략에 따른 혁신전략 수립(전략기획이 아닌 전략적 혁신에 중점)
	조직	협력적 혁신을 위한 조직구성 및 체계적인 e-gov 노력 (新 디지털 비즈니스화)
	사람과 문화	적극적인 직원 참여를 통한 자발적 혁신지향 문화 조성 및 다양성 확대
프로세스 (협업)	디자인 사고	디자이너처럼 사용자가 원하는 (필요로 하는) 해답을 탐색
	시민참여	프로세스에 시민과 기업의 적극적 참여로 수혜자 중심의 혁신추진
	공동 창조·조율	혁신을 위한 수단· 방법 등 플랫폼을 확보하고 협업을 통한 혁신 활동 추진
	측정· 학습	혁신 성과지표 설정 및 성과평가 → 조직학습, 피드백을 통한 혁신성과 견인
리더십	혁신 마인드 고취	명확한 비전 및 혁신 범위 설정, 외부 인력 공급에 의한 다양한 의견제시 활성화
	의사결정	의사결정을 위한 새로운 대안 설계, 의사결정을 넘어 미래결정에 초점

조동성(2014)에 따르면, 진정한 혁신과 창조는 메커니즘을 혁신시키고, 창조함으로써 비로소 달성된다. 경영혁신이란 종업원을 해고하고 조직을 통폐합시키거나 생산라인을 재조정한다고 달성되는 것이 아니다. 이러한 접근법으로는 부분을 수정할 수 있을지 몰라도 기업 전체를 근본적으로 변화시키기 어렵다. 진정한 경영혁신을 이루기

18) 출처: Bason(2018)

위해서는 기업의 행동을 결정하는 메커니즘을 바꾸어야 하는 것이다. 경영창조 역시 신제품을 한두 개 만들어내고 신시장을 몇 개 찾아낸다고 해서 이루어지는 것이 아니다. 기업을 경영하는 이유인 경영철학과 기업을 운영하는 방식을 새롭게 찾아내고 이를 통해서 저절로 신제품, 신시장이 창출될 때 비로소 이루어진다.

Bason(2018)은 공공부문의 혁신 일상화를 위한 혁신생태계를 인식, 구조(역량), 프로세스(협업), 리더십 등 네 가지 영역으로 제시하고 있다.

〈표 9〉에서처럼 혁신 영역을 핵심 요소로 분류하고 각 핵심 요소별로 혁신을 가능하게 하는 요소를 강화하고 제약 요소를 최소화할 때 지속적인 혁신추진과 성과 창출이 가능하다고 보았다.

이러한 공공서비스 혁신생태계 유지를 통한 혁신추진과 성과 창출은 케어팜 생태계 활성화 영향요인을 고찰하는 데 있어서 인식, 구조, 프로세스, 리더십 등의 요인이 유용한 분석의 도구를 제공해줄 수 있다.

Chapter 03

사회 - 기술 전환이론 관점의 취약계층 심신치유를 위한 케어팜 운영 전략

- 그린비네 사례를 중심으로

제1절 연구목적

본 연구는 취약계층 심신치유를 위한 그린비네의 성과 창출 전략을 구명하는 것이다. 국내에 케어팜이 시작되고 치유농업법이 제정 및 시행됨에 따라 도입을 위한 선행연구에 이은 국내의 운영사례를 분석하는 후행 연구이기도 하다.

상기에서 언급한 목적 달성을 위해 본 연구는 국내의 케어팜 중 성공적 운영을 대표할 수 있는 그린비네를 선정하였다.

구체적인 연구 목표로는

첫째, 연구 단위의 케어팜 개설과 활동 과정상의 특징 구명이다.

둘째, 연구 단위의 운영 실무적인 주체 강화 요인 구명이다.

셋째, 케어팜 이용자들의 심신치유 효과 구명이다.

넷째, 이해관계자들의 협력과 융합 활동 및 성과 창출 구명이다.

다섯째, 연구 단위의 운영전략에 의해 창출된 성과와 의의를 평가하는 것을 목적으로 하였다.

이를 통해, 국내 도입 초기 단계의 케어팜들이 활성화를 위한 다양한 방안들을 모색하여 장점을 극대화함으로써, 사회 취약계층을 위한 복지서비스 강화사업이 확대 강화될 수 있도록 구체적인 전략적 시사점을 제공하고자 한다.

제2절 연구설계

2.1 연구 대상 선정

본 연구는 연구 대상으로 2017년부터 현재까지 5년째 취약계층의 심신치유를 위한 케어팜으로 활발하게 활동하고 있는 농업법인 덕은(주)의 그린비네를 선정하였다. 농림축산식품부에서는 2018년부터 사회적 농장 선정과 지원을 계속하고 있으며, 사회적 약자들에 대한 돌봄·교육·고용 등의 서비스를 농업 활동을 통해 제공하는 케어팜이 선정되고 있다. 이렇게 선정된 케어팜들은 농산물 생산과 유통, 직업훈련, 원예치료, 공동체 활동 등을 통해 신체적·정신적 건강증진 및 사회적 역할 수행 지원을 목표로 하고 있다. 2018년부터 2020년까지 총 30개소가 선정되어 정부와 지자체의 지원을 받았는데, 〈표 10〉과 같이 2021년도에는 시·도별 사회적 농장 30곳이 추가 선정되어 총 60개소로 늘어났다.

〈표 10〉 2020년 시·도별 사회적 농장 현황[19)]

시도	경기	강원	충북	충남	전북	전남	경북	경남	제주	세종	인천	대전	울산	광주
기존	1	2	3	3	6	5	2	2	1	2	1	1	1	-
신규	2	3	4	4	4	2	3	3	2	1	1	-	-	1
합계	3	3	5	7	7	10	5	5	3	3	2	1	1	1

이러한 국내 케어팜들 중 그린비네의 비즈니스 모델은 기존의 농·산촌 생태체험장에서 벗어나 취약계층의 심신치유 기능을 융합한 비즈니스 모델을 기반으로 지역사회복지 실천과 도농 연계 힐링센터의 역할까지 다기능화했다는 특징을 가진다. 1996

19) 농림축산식품부 2020년 12월 자료

년 폐교된 덕은분교를 농업회사법인 덕은(주)이 충북교육청과 대부계약을 체결하여 사업을 진행하고 있으며, 사단법인 디지털노동문화복지센터, 그린비네 재가노인복지센터와 각각 공동 운영협약을 맺어 '케어팜 그린비네'를 운영하고 있다.

그린비네는 충청북도 충주시 소태면 덕은새말2길 31(덕은리)에서 운영 중이다. 이곳은 강원도, 경기도, 충청북도의 접경이며 원주의 섬강, 여주의 청미천, 충주의 남한강이 만나는 삼합 지역이다. 3개의 도와 3개의 시가 인접한 오지마을이다. 행정구역상으로는 충주에 편재되어 있지만 생활권은 원주와 여주로도 산재한 곳이다. 20여 가구의 대부분이 노인들로 구성되어 있고 농업으로 생계를 이어가며 중앙정부와 지자체의 지원 확대가 절실한 산간벽지 마을이다. 그린비네는 현재 그린비네 충주를 중심으로 그린비네 제주(평화쉼터, 자연과 치유), 그린비네 청양(운장암), 그린비네 강릉(숲속꿀잠)을 운영하기 위해 각각 유관 단체와 업무협약을 체결하고 이용자들의 지역적 요구 등이 있을 시 이용을 의뢰하고 있다. 그린비네는 전통적 농업의 전환과 복지의 전환 측면에서 양자의 장점과 융합적 기능을 고려하고 노동, 농업, 복지 연계 기능으로 설계 및 운영 중이다.

그린비네는 '노동자쉼터 그린비네', '그린비네 재가노인복지센터' 등 대상과 프로그램에 따라 개설되었으며 각각의 고유 기능과 함께 취약계층의 심신치유라는 공동 목표로 운영되고 있다. 참여 주체는 노인, 장애인, 사회복지사, 요양보호사, 준비 중인 귀농귀촌인, 마을 주민, 심신이 지친 도시인, 해고 및 비정규 노동자 등을 모두 포괄하고 있다. 노동과 농업, 복지를 연계한 통합 프로그램과 치유 공간 운영을 위해 사업들을 추진하고 있다. 특히 다른 지역의 케어팜과는 달리 민관, 노동, 농업, 복지의 연계를 추구하며 농업과 취약계층 복지를 연계하여 케어의 대상, 다기능적 서비스, 운영의 동참 등 농업 중심으로 노동의 역할을 다양하게 부여하고 있다.

이에 본 연구에서는 케어팜의 패러다임 변화에 따른 새로운 역할과 발전 방향의 대표적인 사례로 취약계층의 심신치유 및 복지 연계를 추진하고 있는 그린비네를 연구대상으로 선정하여 분석하였다.

2.2 자료수집 및 연구 방법

본 연구는 사례연구의 신뢰성과 타당성을 확보하기 위해 심층 인터뷰를 진행하였다. 인터뷰 시 반 구조화된 질문지를 활용하고 코로나19 상황을 고려하여 대면, 비대면 인터뷰를 진행했다. 비대면의 경우 온라인 미팅 시스템인 줌(zoom)을 이용한 화상 인터뷰를 진행하고 기록파일을 남겼다. 질문 내용은 치유농장 그린비네 도입 목적과 배경, 운영관리체계와 참여자의 활동 영역, 이용 계기, 이용 목적, 이용의 효과, 성과와 한계, 향후 운영 관련 제안 사항 등으로 구성하였다. 인터뷰 참석 대상은 〈표 11〉과 같이 케어팜 그린비네의 운영 주체인 (사)디지털노동문화복지센터, 농업회사법인 덕은(주) 관계자들과 치유농장 활동 참여자들로 구성하였다. 인터뷰 시작 전 취지를 충분히 고지하고 녹음에 관한 참여자의 동의를 받고 진행했다. 또한 참여자의 신상이나 인터뷰 내용의 비밀 보장에 대한 약속과 설명을 한 후 진행하였다. 인터뷰 기간은 2021년 11월 1일부터 11월 29일까지 약 1개월에 걸쳐 진행되었으며 인터뷰 당 30분 ~90분 정도 소요되었다.

〈표 11〉 인터뷰 대상자

구분	소속	참여 대상	참여 사업
A	사단법인	이사, 사회복지사	운영 및 노동복지 사업 총괄
B	농업법인	이사, 학자, 귀농인	운영 및 치유농업 총괄
C	인근 주민	심리치유사, 귀농인	심리 치유 및 교육
D	서울 거주	장애인, 해고자 및 재취업	치유농업 참여
E	마을 주민	노인회장	치유농업, 서예서각교실 참여

제3절 분석 방법

본 연구에서는 선행연구를 검토하여 취약계층의 심신치유를 위한 케어팜 운영사례를 사회-기술 전환이론으로 분석하고자 한다. 앞서 선행연구에서 검토된 사회-기술 전환이론의 핵심은 다층적 관점(Multi-Level Perspective)이다(Hassink et al., 2013). 임송수(2017)에 따르면, 다층적 관점은 분석과 처방을 위한 가장 기본적인 프레임을 제공하며, 미시수준에서 틈새(Niche), 중간수준에서 사회·기술 체제(Socio-technical regime), 거시수준에서 사회·경제·물리적 환경(Landscape) 등 그 구조화 정도에 따라 3단계로 구성된다.

첫째, 미시수준의 틈새(Niche)란 널리 채택되면 획기적인 결과를 가져올 수 있게 혁신을 수행하는 작은 규모의 '공간과 활동'을 말하며, 새롭게 혁신이 촉발되고 경험을 통한 연구와 배움이 진행된다.

둘째, 중간수준에서 사회·기술 체제(Socio-technical regime)는 기존의 지배적인 제도와 하부구조 사이에 내포된 혁신 관련 활동을 규율하며, 특정한 사회적 기능이 수행되는 조건, 제도, 규범, 관행으로 구성된다. 기존 틀에서 벗어나기를 시도하는 사회·기술 체제의 혁신은 대부분 '점진적'이며, 현존기술에 대한 파괴보다 최적화를 지향한다.

셋째, 거시수준에서 사회·경제·물리적 환경(Landscape)은 역사적인 사건에 따라 진화하는 사회적 추세를 말한다. 기후변화, 세계화, 고령화 등 사회적·정치적·문화적으로 장기적인 변화의 추세를 지칭한다. 다음 차원인 '사회·기술 체제'에 대한 변화의 압력으로 작용한다.

본 연구에서는 케어팜의 성공적 운영사례를 이러한 다층적 관점의 3단계 전환과정을 활용하여 분석하였다. 지속가능 농업을 지향하는 혁신적 환경에서 전통적인 사회·기술 체제를 혁신하고 새로운 사회·기술 체제로 전환되는 것을 다층적 관점으로 살펴보고자 하였다.

이에 따라 본 연구에서는 그린비네 사례연구를 통해 각 단계별로 취하는 다양한 사업 전략에 대해서 검토하고 취약계층 심신치유를 위한 운영 전략상의 시사점을 도출하였다.

제4절 분석 결과

4.1 미시수준의 틈새 (Niche) 단계

그린비네는 농·산촌생태체험장과 도·농교류장의 기능을 하고 있으며, 취약계층의 심신치유를 위한 복지 기능을 수행하고 있다. 각 사업의 기능적 결합을 넘어서 노동(노동자쉼터), 농업(치유농장), 복지(재가노인복지센터)의 3개 기관이 유기적 시스템을 구축하여 공동 운영(우리)을 하고 있다. 특히 그린비네의 농업 관련 사업은 농업법인 덕은(주)이 관할하고 있다. 사업 내용으로는 텃밭 농사, 충주 특산물 밤과 사과밭 체험, 기증받은 1만 포기의 야생화 심고 가꾸기 등이 있으며, 땅을 일구어 가꾸고 수확하여 나누는 형식을 취한다. 복지 영역을 살펴보면 노인, 장애인, 심리 치유가 필요한 해고노동자 등에게 심신치유 돌봄 사업을 진행하고 있다. 불안정 노동상태의 비정규 노동자, 해고노동자 중에서 심리 치유가 필요한 사람들은 단기적인 치유농업 체험에도 동참하게 하는 형태로 심신치유를 진행하고 있다. 그린비네의 케어팜 활동 중 농작물 재배, 야생화 가꾸기, 약초와 밤 줍기 등은 거동이 다소 불편한 노인과 장애인들이 힘닿는 만큼 체험과 쉼을 반복하게 함으로써 신체적 움직임과 활동량을 강화하고, 자연과 함께하는 힐링을 통해 마음의 안정을 찾을 수 있도록 돕는다.

한번 참여한 참여자들은 꾸준히 활동을 이어가며 심신치유의 효능감을 느끼게 되는데, 장애인이면서 직장에서 해고되어 막막한 상황에서 그린비네의 심신치유 프로그램을 통해 재기한 D씨의 체험사례는 대표적 성공사례이다.

"장애인으로서 해고당해 막막할 때 그린비네를 통해 재기의 의지를 다졌습니다. 서울 출신이라 농사일을 잘하지는 못하고 육체적으로도 힘들지만 자연 속에서 땀 흘리고 사람들과 만나면서 상처가 치유되는 데 많은 도움이 되었던 것 같습니다. 지금은 개인택시를 운전하고 있습니다. 생활도 안정이 되었고요. 이렇게 재기할 수 있도록 도와주신 것에 대해 너무나 감사드리며 앞으로도 그린비네에 봉사할 기회가 있으면 언제든지 참여하려고 합니다."(D씨)

〈표 12〉에서와 같이 케어팜 그린비네는 계절별 농업 활동 및 치유 활동을 통해 취약계층의 심신치유와 재활을 돕고 있다.

〈표 12〉 케어팜 그린비네의 계절별 농업 활동 및 치유활동[20]

구분	농업 활동	치유 활동	기타
봄	퇴비 시비, 밭갈이, 간장과 된장 가르기, 각종 농작물과 꽃씨 파종, 꽃모종 심기, 산나물 채취 및 말리기 체험, 재배 봄나물 채취, 여름작물 재배 준비	밤꽃향 삼양산 걷기, 남한강 4대 폐사지 (청룡사지, 거돈사지, 법천사지, 고달사지) 둘러보기, 비내길 및 여강길 걷기, 남한강대교와 목계대교 순환 벚꽃길 드라이브, 소쩍새와 개구리 합창 감상	해동 시 각종 건축물 및 논밭 점검, 연못 둑 보강 (도시인, 노동자들의 농활인력 지원)
여름	텃밭 물주기, 텃밭과 야생화밭 제초작업, 채소수확, 가을채소 파종	마을 복달임 행사, 남한강과 운계천 물놀이 및 다슬기 잡기, 물놀이 후 장작불에 몸을 말리면서 일명 '불멍때리기', 흙길 맨발로 걷기, 힐링을 위해 남한강변의 빗소리 듣기 체험, 남한강 복여울교(잠수교) 걸어서 건너기, 삼합지 낚시, 강원도 메밀 음식과 나물 밥상 (농부가) 식도락 기행	풍수해 대비 및 도로정비 (건설노동자 재능기부 활동)

20) 출처: 농업법인 덕은(주) 2020년 사업보고서 참조 작성

가을	각종 농작물의 가을걷이 및 타작, 사과밭 수확 체험, 밤 줍기 및 나눔, 야생화 씨받기, 월동작물 파종, 봄꽃과 산야초 구근 심기	'시와 음악 남한강이 흐르는 밤' 행사, 야생화 씨받기, 충주 밤 축제 등 특산물 맛보기, 추수 감사 행사, 부론 청소년 공부방 후원행사 등, 낙엽 쓸기, 퇴비 만들기, 다용도 화덕에 고구마·밤 굽기, 가을 낙조와 철세떼 감상, 비내섬 억새밭과 비내길 걷기, 거돈사지 천년 느티나무 아래 명상, 중원고구려비 등 고구려 문화유적 탐방, 발효차 만들기, 발효 커피 시음(올폄)	월동준비 및 시설물 동파 방지 (전기 등 전문적 시설 점검 시 노동자 재능기부 활동)
겨울	월동준비, 김장 및 나눔 행사, 김장 항아리 묻기, 비닐하우스 농작물 돌보기, 유기농 전문가의 농업교육 실시, 장담그기	농한기 주민 간담회, (사)몸펴기협회의 활동 지원, 탄산 온천 온천욕, 연못 얼음썰매 타기, 심리 치유를 위한 '그린비네 이야기 마당' 개최, 인근 주민들의 서예서각교실 '함께 맞는 비' 활동	동절기 화재 안전 점검, 둘레길 걷기, '자연과 치유'의 쑥뜸 체험, 신부, 목사, 스님 상담

재가노인복지센터는 사회복지사, 요양보호사들이 노인 돌봄 활동을 진행하고 있다. 그린비네에 상주하거나 인근에 거주하는 귀농귀촌인 몇 분은 요양보호사로서 돌봄이 절실히 필요한 어르신들에게 방문요양서비스를 제공하고 있다. 그린비네를 운영하는 두 법인은 사회복지사, 심리 치유 전문가, 요양보호사 등 전문인력을 다수 보유하고 있어서 방문요양, 심리 치유 등 대상자들에게 필요한 돌봄 활동을 다양하게 전개하고 있다.

특히 심리 치유가 필요한 사람들에게는 맞춤형 케어를 진행하고 있다. 청소년 심리상담, 노인 등 취약계층 심리 치유는 청소년 심리 치유 전문가, 노인 심리 치유 전문가가 별도로 배치되어 필요한 요청에 응한다. 그린비네가 소재한 마을과 농촌 지역의 현실은 노인이 절대다수이기 때문에 마을회관에서의 각종 행사 지원, 마을 벽화 그리기, 서예서각교실 운영지원, 방문요양 서비스 등을 통해 어르신들과 함께 호흡하기 위해 노력하고 있다.

"취약계층 심신치유를 위한 그린비네의 심리치유 프로그램 등에 설립 초기부터 동참했습니다. 함께 울고 웃으며 자연치유력으로 일상을 회복해가는 것을 보면 보람을 느낍니다. 자연 속에서 정서적으로 안정되고 심신이 치유되는 것은 도시에 비할 바가 아닌 것 같습니다. 저도 건강이 좋지 않아서 항암치료를 하는 등 투병 생활을 하고 있어요. 자연 속에서 건강을 많이 회복하고 있습니다."(C씨)

노동자쉼터 그린비네를 운영하는 사단법인 디지털노동문화복지센터는 농업 활동과 돌봄 사업에 각각 필요한 인력과 재정을 후원하는 역할을 한다. 사회복지사, 요양보호사, 심리치유사 등 전문인력과 케어팜 활동에 이사진이나 후원인들이 도우미 역할을 하고 있다. 노동자 쉼터 개설에 동참했거나 심신치유 프로그램에 참여했던 노동자들도 든든한 후원자 역할을 하고 있다. 농번기에는 농활을 하고 있으며, 전력산업 노동자들과 건설노동자들의 경우 전문성을 살려 그린비네의 설비 유지보수 등에 참여하고 있다. 인근 주민들이 다양한 행사에 동참하며 영농 활동에 필요한 경험을 전수하는 등 적극적인 참여가 이어지고 있다.

그린비네의 다양한 사업에 필요한 재원은 그린비네를 공동 운영하는 사단법인이 농업법인과 협조하에 필요한 재정에 대해 후원을 통해 조달하고 집행하는 역할을 하고 있다. 또한 그린비네 사업의 취지에 공감하는 독지가들이 늘고 있어 매년 증가하는 물품 기증과 정성이 담긴 금원 기부로 안정적인 운영이 이어지고 있으며, 꼭 필요한 물품 외에 기증품은 반드시 지역의 주민들에게 나눔을 실천하는 것을 원칙화하고 있다.

이렇게 미시수준의 틈새(Niche) 측면에서 볼 때, 케어팜 그린비네는 농업생산 활동과 취약계층의 복지라는 각각의 고유 기능에 통합하여 기능적 변화와 전환 수준 간의 상호작용을 통한 공진화 과정을 진행하고 있다. 이러한 공진화의 첫 단계인 틈새(Niche) 전략은 농업과 복지의 유기적 결합을 위한 케어팜의 기능 강화, 취약계층 심신치유를 실행하는 것이다. 다음 단계는 중간수준의 사회·기술 체제(Regime)로 취약계층의 심신치유를 통한 농업과 복지의 융·복합 기능의 강화를 통해 틈새 전략을 성공적으로 이끌어가고 있음을 보여주고 있다.

4.2 중간수준의 사회·기술 체제(Regime) 단계

그린비네가 소재한 충주시의 경우 2021년 3월 치유농업법 시행에 발맞춰 2021년 10월 29일 조례 제2012호인 충주시 치유농업 육성 및 지원 조례가 공포 및 시행되고 있다. 이 조례는 충주시 치유농업의 육성 및 지원에 필요한 사항을 규정함으로써 농업·농촌자원을 활용한 케어팜 발전 기반을 마련하고, 충주시민의 건강증진과 삶의 질 향상 및 농업·농촌의 지속 가능한 발전에 이바지함을 목적으로 하고 있다. 충주지역의 케어팜 육성을 위한 법·제도적 기반을 확고히 다지고 본격적인 확대에 돌입했다고 볼 수 있다. 이에 따라 그린비네가 소재한 충북 충주시는 물론이고 인근의 지방자치단체들에도 케어팜 형태의 사회적 농장이 운영 중이다. 지자체들은 전통적 농업을 중심으로 한 농촌 현실을 타개하기 위해 전환정책을 확대하며 활발한 치유농업을 전개하고 있다.

농촌진흥청은 보건복지부와 업무협약을 통해 고령화·치매로 인한 사회·경제적 비용 부담 절감을 위한 인프라를 구축했다. 농진청이 개발한 '인지 건강 특화 치유농업 프로그램'과 보건복지부의 치매 예방 프로그램 콘텐츠를 전국의 보건소 치매안심센터를 통해 연계시키고 있다. 그린비네의 노인돌봄 서비스를 담당하는 재가노인복지센터에서 인근 어르신들의 치매 예방 활동과 인지기능 향상을 위해 케어팜 활동을 진행하고 있으며 치매안심센터와 유기적 협조를 추진하고 있다.

그린비네의 활동에 있어서 농업 기술적인 측면은 농업법인 이사(새마을지도자) 및 귀농인 몇 명이 여주시 농업인대학을 수료하였으며, 충주농업기술센터의 농작물 일정, 작목 기술 정보, 품종 정보 등에 대해 상시적이고 전문적인 지원을 받고 있다. 그린비네의 활동 관련 전문성 제고를 위해 지자체의 농업 및 복지를 담당하는 기관과의 연계를 폭넓게 강화하는 중이며 사업 성패의 중요한 요소로 인식하고 있다.

지역의 복지 정책 또한 장기요양기관 지정 확대를 통해 고령화된 농촌의 노인 돌봄 서비스를 민관협조하에 강화하고 있다. 농촌 인구 고령화로 인한 노인 돌봄서비스가 나날이 증가하고 있는 현실에서 충주시의 장기요양기관이 계속 증가해 2022년 현재 방문요양서비스는 69개 기관이 담당하고 있다. 케어팜 그린비네도 인근 어르신들의 돌봄을 위해 재가노인복지센터 지정 및 운영을 하고 있다. 케어팜 활동을 통한 일부 어르신들의 심신 돌봄에서 좀 더 확대되고 적극적인 사업을 위해 그린비네재가노인복지센터를 설립하여 요양보호사와 사회복지사가 직접 가정 방문형 돌봄 사업을 진행 중이다. 이는 지역사회 현실과 복지서비스체계의 변화와 발전에 부응하며 공진화 과정에 동참하는 형태이다. 이러한 전환을 통해 지역사회의 농업과 복지의 수준이 향상되고 상호 융합적 기능이 강화되면서 레짐의 변화가 가속화되는 것이다.

"농촌에서의 치유농업 사업은 지역 사회의 견고한 연결망에 잘 연계되어야 성공할 수 있습니다. 인간이 살아가는 삶터에는 도시와 농촌이 차이가 없이 온갖 문제들이 똑같이 존재합니다. 이 부분을 간과하면 귀농귀촌인 등 새롭게 진입한 사람들의 농촌사회 동참이 쉽지 않습니다. 치유농업으로의 전환 공간으로서 먹거리, 일거리, 쉴 거리를 잘 준비하는 것과 함께 소통의 부분을 등한시하면 안 됩니다. 농업기술의 배움이나 치유농업의 전문성이 강화되는 과정에서도 지역 사회 체제에 잘 적응하느냐가 중요한 지점입니다. 선주민과 후주민 사이의 조화가 너무나 중요합니다. 사람이 사는 곳이거든요."(B씨)

"저도 귀농해서 정착하는 데 고생을 많이 했습니다. 마을 사람들과의 관계도 힘들었고요. 특히 할아버지 돌아가시고 얼마 동안은 제정신을 못 차릴 정도로 힘들었습니다. 달밤에 툇마루에 혼자 앉아 울기도 많이 울었습니다. 텃밭 농사를 하면서 조금씩 심신이 안정되었고, 서예서각 활동도 도움이 많이 되었습니다. 특히 그

린비네에 오는 분들과 장 담그기나 농사에 대한 이야기를 나누는 것도 재미있고 보람이 있었습니다. 그린비네 사업에 지역 사회와의 조화는 굉장히 중요한 문제인 것 같습니다. 제가 앞으로 얼마나 더 살게 될지 모르겠지만 건강이 허락하는 한 함께 할 겁니다."(E씨)

그린비네는 지자체, 교육청, 마을 간부들과의 케어팜에 대한 인식 공유 및 확산을 위해 유기적으로 소통을 진행하고 있다. 지역사회와의 유기적 관계는 필수불가결한 것으로 코로나19 상황으로 인한 정부의 방역방침 준수, 시청과 관련된 소방, 건축, 전기, 가스, 쓰레기 처리 문제 등에 대해 관할 및 점검 대상이다. 교육청과도 대부계약 준수 여부에 대한 정기, 수시 점검 등 관할 하에 있다. 현재 충주시의 경우 충북교육청 충주교육지원청 재무팀이 관할 폐교 22개 중 직접 운영 6개교, 대부계약 14개교, 대부 추진 2개교에 대해 운영을 총괄하고 있다. 특히 코로나19 상황에서 충주시와 교육지원청은 방역방침 준수 여부를 일상적으로 점검하고 있으며, 지역과의 유기적 소통도 중시하고 있어 관할 관청의 방침을 철저히 준수하고 있다.

또한 마을 간부회의에서 마을 운영과 관련해 결정된 사항이나 협의해야 할 사항들에 대한 유기적인 협조 관계를 중요하게 다루고 있다. 대부계약 체결과 재계약 시에 마을 주민들의 동의서가 첨부되어야 하며, 지역사업의 주민 친화 문제는 원만한 사업의 필수 요건이다. 따라서 이장, 새마을지도자 등 마을 간부들과의 일상적인 소통은 그린비네 사업에서 빼놓을 수 없는 주요 과정이다.

〈표 13〉은 코로나19 확산 직전인 2019년 그린비네의 지역사회 연계사업 중에서 중요한 몇 가지를 예시하고 있다. 인근 주민들이 정서 순화와 문화 활동 차원에서 시작한 서예서각교실에서 만들어진 작품은 그린비네에 전시되고 있다. 농·산촌의 공동화 현상 중 하나인 아동 수의 급감은 이곳도 예외가 아니어서 폐교 위기와 자율학습 공간의 축소로 이어지고 있다. 덕은분교 폐교 이후 20여 명의 학생이 남은 소태초등학교와 이주노동자 가정의 어린이들이 다수 다니는 방과후 학교 부론청소년공부방에

독지가들의 기증을 통해 도서 등을 후원한 바 있다. 앞으로도 지역 어르신 돌봄 사업과 함께 지역 청소년들에 대한 관심과 지원을 확대해나갈 계획이다.

또한 지역의 유관기관과 상호협조를 중시하는 그린비네는 케어팜의 발전과 취약계층의 돌봄 사업의 진행에 있어서 지역 네트워크를 조화롭게 활용하며 사업 확대를 추진하고 있다. 지역주민과 함께하는 특산물 축제 참여와 심신치유사업을 진행하면서 지역 네트워크를 강화하고 유기적 소통의 장을 마련하고 있다. 연말에는 법인의 이사회와 총회를 통해 사업평가와 사업계획을 논의하고 이를 교육청에 보고하는 형태로 사업을 관리한다. 이를 통해 힐링 산업의 동향과 지역 치유기관의 사업 방향 등을 청취하고 학습하면서 좀 더 효과적인 심신치유사업을 추진하기 위한 정부 및 지역 전문가들의 협조와 지원을 받는 계기를 마련하게 된다.

〈표 13〉 그린비네의 2019년 지역사회 연계 주요 사업[21)]

지역 연계 사업 내용	성과
2018년 그린비네 활동 보고	관할 관청과 활동 상황 공유
국립 제천 치유의 숲 방문	산림치유 사업 공유
그린비네 봄 파종&가꾸기 행사	마을 식당에서 식사하며 주민들과 상황 공유
그린비네 서예 서각교실 개최	인근 주민들과 치유를 위한 공동사업 실시
주민들과 야생화 나눔 및 심기 행사	기증된 1만 포기의 야생화를 지역주민들과 나눔
소태초등학교 및 부론청소년공부방 보리출판사 간행 도서 후원	지역 청소년 도서 후원 및 지역 연계 강화
그린비네 이야기 마당, 지역청소년 심리치료	지역 연계 강화 및 재능기부
청소년 서예서각 교실(함께 맞는 비)	청소년 정서함양 지원
시와 음악, 남한강이 흐르는 그린비네의 밤 개최	지역의 용환신 시인 시낭송회, 창작판소리 정대호 선생 공연
그린비네 포럼	마음을 여는 심리치유
그린비네 김장담그기 및 월동준비	사업 공유 및 김장 나눔
그린비네 이야기 마당	치유사업 관련 토론

21) 출처: 디지털노동문화복지센터의 그린비네 2019년 사업보고서 참조 작성

이러한 사업들을 통해 지역과의 경계를 좁히고, 기존 농업과 복지의 견고한 관성의 벽을 조금씩 허물며 융·복합적 전환을 진행하고 있다. 이와 같이 케어팜 그린비네 운영에 있어서 지역사회의 각종 운영체제 및 기술적 체제의 조화로운 전환이 중요하며, 이는 거시수준과 미시수준의 단계와 상호 영향을 주고받는 중간수준의 활동이 잘 이루어지고 있음을 보여준다.

4.3 거시수준의 환경(Landscape) 단계

농림축산식품부는 2021년 7월 7일 '코로나19로 지친 심신, 청정한 농촌에서 힐링을'이라는 주제로 제9회 도농 교류의 날 기념행사를 개최했다. 코로나19로 지친 국민들의 심신을 달래고, 치유와 힐링의 시간을 농촌에서 갖자는 취지로 개최된 도농 교류의 날은 도시와 농촌 간의 교류를 촉진하기 위한 것이다. 2013년 도농 교류의 날이 법정 지정일로 선포된 이후 치유와 힐링을 위한 정부 차원의 정책적 지원이 강화되고 있다.

특히 코로나19 팬데믹 상황에서 자연 친화적인 삶의 방식을 통해 건강을 유지하기 위한 관심이 폭발적으로 증가하는 것도 케어팜의 확산을 위한 환경변화의 요인으로 작용하고 있다. 거시적인 사회, 경제, 물리적 환경은 정부의 국정 과제로 사회적 농업이 시행되고 치유농업법이 제정 및 시행되면서 케어팜 환경의 전환이 본격화하고 있으며, 치유농업사 제도의 시행과 더불어 전문적 인력 양성을 통한 저변이 확대되고 있다. 아울러 사회적 농장 활성화 지원사업은 치유농업법 시행에 따른 케어팜 확대의 저변을 넓히는 환경의 조성이며 변화이다. 더욱이 업무의 중복 조정 등 사회서비스 제공기관들의 협업을 통해 케어팜 활성화와 함께 취약계층의 심신치유를 위한 서비스 전달체계의 사각지대를 보완하는 역할이 확대되고 있다.

국내 케어팜의 발전과 관련해서 특히 주목할 점은 치유농업사 양성제도의 시행이다. 치유농업사는 치유농업 프로그램 개발 및 실행 등 대통령령으로 정하는 전문적인 업무를 수행하는 자를 말한다. 치유농업사 제도는 2020년 3월 24일 법률 제17100호로 제정되고 2021년 3월 25일부터 시행된 치유농업법과 2021년 3월 23일 대통령령 제31545호로 제정된 '치유농업법시행령'에 근거해 신설된 국가자격증이며 농촌진흥청이 시험을 주관한다. 농촌진흥청에서 지정한 전국의 양성기관에서 142시간 교육을 이수하는 것이 응시요건이다. 케어팜의 전문가를 육성하기 위한 커리큘럼에는 치유농업의 이해, 치유농업 제도, 보완 대체의학의 이해, 예방의학적 측면에서의 치유농업 활용, 치유농업 식물과 동물의 활동 소재 관리, 시설 디자인 및 환경조성, 치유농업 프로그램 개발과 기획, 치료관계를 위한 심리상담, 원예학, 작물 보호학 및 작물 생리학, 농작물 안전관리, 치유농업 평가 절차 및 결과 분석 등으로 구성되어 있다.

또한 치매국가책임제가 2017년 9월부터 시행되면서 치매 관련 통합(원스톱)서비스를 제공하는 치매안심센터는 2019년 말 전국 256개 보건소에서 모두 정식 개소되어 현재 지역사회의 핵심 기관 중의 하나가 되었다. 치매안심센터는 상담, 치매 예방 및 인지 강화 프로그램 운영, 조기 검진(선별검사, 진단검사), 치매 쉼터 등 경증 치매 환자와 가족들을 위한 맞춤형 서비스를 제공한다. 보건복지부와 농촌진흥청은 상호 업무협약을 통해 어르신들의 치매 예방과 인지 강화, 가족들의 마음 치유를 돕기 위해 치매안심센터를 통해 치유농업 협력을 개시한 것이다. 보건복지부에서 케어팜 활동이 치매 예방과 인지 지원에 효과적이며, 특히 코로나19로 인해 대인 접촉이 어려운 시기에 충분한 거리두기가 가능하고 감염위험이 적은 야외활동이라는 정책적 판단하에 장려한 것이다. 케어팜이 원예·동물·곤충 등과 관련된 농업 활동과 농촌의 자원, 환경을 통해 참여자를 정신적으로 치유하고 궁극적으로 농업과 사람을 연결하는 개념으로 파악하고 있다. 특히 치유농업법이 시행되면서 농촌진흥청이 치유농업 관련 지휘 본부(콘트롤 타워)가 되어, 보건복지부와 함께 진행할 두 부처의 농업복지 연계사업은 주목할 만하다. 농촌 지역에서 가장 가까이 접할 수 있는 농업과 복지기관은 농업기술센터와 보건소이기 때문에 중앙 부처들 간의 유기적 협조의 개시는 케어팜 현장에서도 농복연계가 본격화될 수 있는 전기를 마련한 것이다.

〈표 14〉는 보건복지부가 농촌진흥청과 MOU를 체결하고 치매안심센터의 인지기능 강화 및 힐링 프로그램의 치유농업 활용 사례를 보여주고 있다.

이에 그린비네를 포함한 치유농업 실천 기관에서 보면 지역의 농업기술센터와 보건소의 유기적 협조를 통해 취약계층 심신치유사업에 대한 공신력이 증대되는 환경이 조성되었다.

〈표 14〉 보건복지부 치매안심센터의 케어팜 활용 사례[22)]

발표자	프로그램 운영 현황
경기도 부천시 소사치매안심센터	- 농업 활동 : 밭 고르기, 씨뿌리기, 지주대 끈매기, 농작물 수확 등 - 인지 향상 프로그램(원예, 요리 등) : 수확된 농작물로 샌드위치, 장아찌 만들기 무, 가지말랭이 만들기, 김장 행사 - 사전·사후 효과 평가 : 주관적 기억 감퇴 평가(SMCQ), 치매선별 검사(MMSE-DS), 노인우울척도(GDS)
전북 고창군 농업기술센터	- 치유관광 프로그램 현장 적용 사례(3건) : 교류 치유형(삶의 만족도 증가), 휴식 치유형(주관적 행복감 상승), 운동 치유형(회복 탄력성 및 주관적 활력도 증가) - 치매안심센터 연계 치유농업 프로그램 운영 사례 : 마을로 찾아가는 치매예방프로그램 운영(4개마을) *다시 꽃피울 정원(소근육 활동, 칭찬거리 찾기, 기억력 게임 등) - 치매안심센터-농장 연계 치유농업 프로그램 운영 확대

그린비네의 치유사업은 치유농업법 시행, 관련 제도들의 정비, 농업과 복지의 중앙과 지자체 관련 부처의 유기적 협조, 케어팜 시행기관의 노력이 다채롭게 조화를 이룰 때 비약적으로 발전할 수 있음을 보여준다. 이러한 케어팜의 환경조성과 관련한 요청사항과 기대는 케어팜 운영 및 발전 방향에 대한 인터뷰에서도 드러났다.

22) 출처: 보건복지부-농촌진흥청 협력 MOU체결식 사례 발표 자료(2020)

"그린비네를 개설하는 과정에서 법적, 제도적 환경에 맞추거나 극복하는 것이 초기에는 굉장히 힘들었습니다. 치유 활동에 대한 사회적 인식도 높지 않은 상황에서 이를 이해시키고 동의를 얻는 과정도 힘들었고, 케어팜 그린비네 개설과 운영 경험에 비춰봤을 때 정부, 지자체의 역할이 치유농업 확산과 정착에 결정적인 역할을 하는 것 같습니다. 후발주자로 참여하는 분들은 자신들이 동원할 수 있는 인적, 물적 자원과 함께 이 부분을 유념했으면 좋겠습니다. 정부에서도 좀 더 역할을 해주셨으면 좋겠고, 치유농업이 취약계층의 심신치유에 제대로 기능하고 안착되려면 환경, 지역 사회, 치유농장의 전략이 조화될 필요가 있을 것입니다."(A씨)

케어팜으로의 전환과정에 있어서 거시적인 환경(Landscape)의 변화는 중장기적인 전략이며, 니치와 사회·기술 체제(Regime)의 혁신 확대 및 강화를 통해 그 폭과 깊이가 결정된다. 시스템의 구조적 혁신을 통해 환경의 큰 변화 여부가 결정되기 때문이다. 세계적 추세에 발맞춘 국가의 정책적 방향이 전환의 변곡점을 맞이하고 있어서 환경의 변화는 기정사실이지만 치유농업의 다양한 실천 주체들의 니치(Niche)와 사회·기술 체제(Regime) 혁신 의지가 중요하다. 이에 그린비네는 사회 복지서비스로서 농업노동의 혁신적이고 창조적인 활성화 방안 마련을 위한 케어팜 환경조성을 중요하게 인식하고 있으며, 농림축산식품부와 복지부 등 정부 부처의 법률 제·개정 추진이나 정책적 지원사업에도 적극적으로 동참하고 있음을 확인할 수 있다.

제5절 소결론

5.1 연구 결과

케어팜은 농업을 중심으로 사회복지, 경영 등 여러 학문 분야를 초월하여 융·복합적인 새로운 접근으로 주목받고 있다. 특히 케어팜의 개념에 대해 '농업 및 관련 활동을 통해 국민의 심리, 사회, 인지, 신체적 건강을 도모한다'는 정의에 비추어 볼 때, 사회복지가 궁극적으로 추구하는 국민의 삶의 질 향상의 목적과 맥을 같이 한다고 볼 수 있다(이상우 외, 2020). 케어팜은 농업의 다원적 기능을 활용한 복지와 농업의 결합 형태로 시작되었으며, 다양한 사업의 확대와 발전을 위해 농장이나 복지 영역에서 고용된 노동자들의 노동을 통해 온전하게 유지발전이 가능하다. 아울러 노인, 장애인, 실업자 등 사회적 돌봄이 필요한 취약계층의 건강한 사회 적응 및 복귀를 위한 다원적 기능에 케어팜 활동의 큰 의의가 있다.

이러한 측면에서 취약계층의 심신치유를 통해 사회서비스 통합적인 치유농업을 지향하는 그린비네 사례는 다음과 같은 성공 요인을 제시하고 있다.

첫째, 케어팜 개설과 활동 과정에서 지역사회와 연계하여 사업을 추진한다는 점이다. 그린비네 개설 및 대부계약 체결 시 주민 동의서 발부 등 필요한 행정적 절차 이전에 지역주민들과의 사업 내용 공유 및 의견 청취를 사업의 중요한 과제로 설정하고 있다. 이를 통해 지자체나 지역주민들과의 소통을 강화하고 치유농업에 대한 인식 확산에 기여하며 사업적 연계를 높일 수 있다. 이러한 결과로 케어팜 개설 후 1-2년 동안 지켜보시던 마을 어르신들의 자발적인 농사 지도와 농기계 지원 등이 자연발생적으로 이어졌다. 이러한 상호적 지원은 신뢰 관계를 발전시켜 유기적인 협조 관계를 더욱 돈독하게 구축하는 계기가 되었다는 사실을 살펴볼 수 있었다.

둘째, 전문적인 인력 이외에 농업과 복지 연계사업 강화로 봉사자와 참여자 확대에 따른 주체 강화 측면을 살펴볼 수 있다. 그린비네에서 후원회원 등의 전문인력 외에도 농사와 복지 전문인력을 추가로 추천받거나 자발적 참여자들이 늘어나고 있다. 이러한 참여자들의 확대는 도시인들이 지친 삶에 위로를 얻기 위해 단순하고 일시적인 힐링의 목적으로 그린비네를 방문했다가 사업 목적 등을 이해하게 되면서 재능기부 동참을 하게 되는 결과를 가져왔다. 이 과정에서 다양한 인력들이 사업의 주체로 확대되어 활동하면서 사업 전반의 전문성이 제고되고 농업과 복지 영역의 통합 활동이 더욱 극대화되는 효과를 획득할 수 있음을 보여준다.

셋째, 인터뷰 조사를 통해 다양한 조건의 이용자들이 케어팜 활동을 통해 심신 단련과 정서적 안정, 치유 및 재활 의지 개선 효과를 획득함을 사례에서 확인할 수 있다. 특히 직접적인 농촌 노동의 참여를 통해 이용자들의 관심을 높이고 일체감 및 자아존중감이 증대된다. 이는 일방적인 복지서비스의 제공 관계만이 아닌 주체적 참여를 통해 긍정적 치유 결과가 나타날 수 있다는 치유농업의 효과를 확인할 수 있다. 결국 그린비네와 같은 케어팜의 활동이 좀 더 다양한 목적을 위해 프로그램이 개발되고 활용될 필요가 있음을 시사한다.

넷째, 그린비네는 성공적으로 사업을 추진하기 위해 인력과 재정 확보를 위한 운영전략 측면에서 자발적 재능기부와 독지가 후원 등 다양한 이해관계자들 간의 협력과 융합 활동을 강조하고 있다. 이러한 활동을 발판으로 새로운 프로그램 추진과 운영역량 확보를 가능하게 한다. 결국 농업과 복지의 연계를 강화하는 케어팜을 이끌어가기 위해서 다양한 네트워크 연계와 이해관계자 간의 시너지 창출을 위한 전략적 활동이 필요함을 보여준다.

마지막으로 사회-기술 전환이론 관점에서의 분석 결과에 따르면 케어팜에 대한 사회적 인식의 확산을 위해 정부와 지자체의 법·제도적, 정책적 지원이 중요함을 확인할 수 있다. 법률, 시행령 등의 제·개정과 정책적 지원이 케어팜의 안착과 확산에 결정적 요인임을 확인할 수 있다. 아울러 케어팜 사업의 소관 부처인 농림축산식품부와 보건복지부의 유기적 협조체제가 중요하며 이는 지자체의 관련 부처 간 협조적 행정 처리에도 근거와 규범으로 작용하게 된다. 따라서 케어팜의 발전적 운영을 위해서는 정부와의 유기적 공조가 필요하며, 정책 발전을 위한 협조체제 구축 및 참여가 사업 성공의 중요한 전략이다.

5.2 연구 시사점

이에 향후 케어팜의 확대와 발전을 위한 제언은 다음과 같이 제시될 수 있다.

첫째, 케어팜을 운영하는 농장주나 일부 단체의 자체 재정과 인력만으로는 우리 사회의 취약계층 중 케어팜 활동의 대상자들에게 치유 서비스를 제대로 제공하는 것은 불가능하다. 이러한 측면에서 국내 케어팜의 확산과 안정적인 발전으로 치유농업법이 명시하고 있는 국민의 건강증진과 삶의 질 향상 및 농업·농촌의 지속 가능한 성장에 이바지한다는 목적을 달성하기 위해서는 정부와 지자체의 재정적 지원을 통해 충분한 인력자원이 확보되도록 해야 한다. 유럽과 일본 등 케어팜 선진국들의 발전과정에서도 정부와 지자체의 광범위하고 강력한 지원이 사업 확산의 성패를 좌우한다는 시사점을 얻을 수 있다.

둘째, 케어팜 운영의 전략적 비전과 고유한 특성에 맞는 프로그램 개발이 필요하다. 조동성·문휘창(2022)에 따르면, 경쟁자를 단순히 모방하는 것만 가지고는 장기적인 관점에서 경쟁우위를 가질 수 없다. 최고경영자의 뚜렷한 비전하에 당면한 환경과 가능한 자원을 활용해서 기업 특유의 메커니즘을 구축하는 기업만이 그 산업을 이끌어가는 선도기업이 될 수 있다.

셋째, 케어팜 사업담당자들의 전문성 제고가 중요하며 이를 위한 교육이 강조될 필요가 있을 것이다. 케어팜 사업담당자들의 경우 국내에 도입 단계인 사업의 현실과 치유농업사 교육 과정에 대한 현황에서도 드러났듯이 그동안 일반 사업담당자의 경우 전문적인 교육을 받을 기회와 기관이 없었다. 케어팜 현장에서 직접 부딪치며 농업과 복지의 연계에 대한 막연한 사명감 또는 사업적 의지만으로 좌충우돌했다고 보아도 과언이 아니다. 2021년 처음으로 치유농업사 교육이 진행되고 시행된 국가자격증 시험이 횟수를 거듭하게 되면서 교과과정이 공개되고 내용이 풍부해지면 현장의 실무담당자들도 좀 더 전문적인 교육이 가능할 것으로 보인다. 이를 통해 교육자와 피교육자의 동시 병행적인 이론 교육과 실습이 진행되고, 교육 내용과 기회도 다양하게 제공될 수 있을 것이다.

넷째, 케어팜에 대한 사회적 인식과 홍보 확산이 필요하다. 노인, 장애인을 비롯해 돌봄이 절실하게 필요한 취약계층의 사회적 건강을 위해 케어팜이 필수적 공간으로 자리매김하고 있는 만큼 정부나 지자체를 통한 이용을 넘어서 심신치유가 필요한 사회 취약계층들이 자발적으로 참여하고 이용할 수 있는 접근성을 높일 필요가 있다. 접근성 확대를 통한 자발적 참여는 케어팜에 대한 긍정적 인식 증대와 홍보에도 중요한 역할을 할 수 있다. 이러한 과정을 통해 케어팜 활동에 대한 사회적 홍보를 확대하고, 긍정적이고 효과적인 심신치유와 재활 활동으로의 사회적 인지도를 높일 필요가 있겠다.

Chapter 04

공공서비스 혁신 기반의 케어팜 생태계 활성화를 위한 의사결정 모델

제1절 연구목적

현대 사회가 안고 있는 여러 가지 극복과제 중에 인구 고령화 및 도시화 등으로 인해 발생하는 문제가 심화하면서 인간의 정신적, 신체적 건강증진을 위해 2000년대 이후 케어팜이 네덜란드 등 유럽을 중심으로 본격화되었다(Hassink et al., 2013; Leck et al., 2014; Yewon Cho et al., 2019).

Loue(2016)에 따르면, 미국은 유럽처럼 활발하게 전개되지는 않았지만 현대적 의미의 케어팜 역사가 100년이 넘는다. 미국은 정신질환 치유를 목적으로 도덕적 치료의 관점에서 발전이 이루어졌으며 치유정원, 동물 보조 치료, 케어팜도 동시에 발전하였다.

일본의 경우 농업과 복지의 상호 연계를 의미하는 농복연계(農福連繫)를 통해 사회적 취약계층인 장애인, 고령자, 생활 곤궁자들이 적절한 농업 활동에 참여하여 취업과 치유, 건강증진, 삶의 질 향상을 위해 농업을 적극적으로 활용하는 것이다(배승종 외, 2019; 전영헌·임송수, 2016; 코시바 유리에, 2016).

Sempik(2010)에 따르면, 케어팜 활동에 대해 '치유를 제공하는 농업의 활용(Using farming to provide care)'이라는 본질적인 의미가 내포되어 있다고 한다. 유럽을 필두로 한 케어팜 선진국에서는 치유농업(Care farming), 녹색치유농업(Green care farming), 사회적 농업(Social farming), 건강을 위한 농업(Farming for health) 등 다양한 개념을 사용하고 있다. 따라서 케어팜 활동은 농업이나 농촌자원 또는 이와 관련된 활동 및 산출물을 활용한 치유 서비스를 통해 국민의 심리적, 사회적, 인지적, 신체적 건강을 도모하는 산업 및 활동으로 정의할 수 있다(RDA, 2013).

케어팜은 자연환경을 기초로 농업과 농촌자원을 활용하는 것이므로, 다양한 치유 활동이 존재한다. 유럽에서는 녹색 치유(Green care)라는 용어로 소개되고 있으며, 공통적이고 본질적인 요소가 '자연'(Nature)에서의 신체적 활동, 규칙, 사회적 상호작용과 기회 등의 요소를 공통으로 가지고 있고 다양한 개념을 포함하고 있다(Hine et al., 2008). 케어팜 활동이 제공되는 장소의 경우 농장, 축사, 농촌 마을, 숲 등의 자연환경이 있는 다양한 공간에서 가능하다. 사회복지시설, 청소년 대상의 교육 및 수련시설, 교정시설 등 사회적, 신체적, 정신적 어려움을 겪고 있거나 극복하고자 하는 사람들을 보호, 교육, 치료에 활용할 수 있다. 이러한 케어팜은 활동 형태에 따라 농작업 치유, 산림치유, 원예 치유, 동물 매개 치유 등으로 구분하고 있다(RDA, 2016).

이에 본 연구에서는 국내에서도 본격화되고 있는 케어팜 생태계를 활성화하기 위해 공공서비스 혁신 기반의 케어팜 생태계 활성화를 위한 영향요인과 이에 기반한 의사결정 모델을 구축하고자 했다. 본 연구는 농업과 복지 의 융복합적 개념으로 발전하고 있는 케어팜 생태계의 활성화를 위해 정책결정자들과 행위 주체자들 그리고 이해관계자들이 고려해야 할 요인을 살펴보고 의사결정을 내리는 데 필요한 기준과 대안 제시를 목적으로 하였다.

제2절 연구 체계 및 변수

선행연구를 통해 케어팜 생태계 활성화 영향요인을 분석하였다. 선행연구를 중심으로 인식, 구조, 프로세스, 리더십을 핵심 영역으로 선정하여 모든 계층의 구성 요소들은 서로 독립적이고(Mutually Exclusive), 계층 간 집합적으로(Collectively Exhaustive) 의사결정 모형을 설계하였다.

본 연구는 케어팜의 여러 가지 특성을 분석하기 위해 정량분석이 과학적, 객관적이지만 비교척도가 다르거나 존재하지 않을 때 주로 사용하는 AHP(Analytics Hierarchy Process) 분석기법을 이용하여 의사결정의 이용 제한을 극복하고자 한다. AHP 기법은 미 국무부의 군비축소 및 무기통제에 대한 의사결정을 능률적으로 개선하기 위해 개발하였다. 뒤이어 행정학, 정책학 등의 다양한 분야에서 주로 쓰이는 방법으로 다속성, 다목적의 의사결정을 다루는 가장 중요한 의사결정 분석기법 중의 하나이다. AHP 기법은 질적 데이터와 정량적 데이터를 동시에 분석하여 주요 영향요인에 대한 상대 비교 정보를 디지털화(숫자 값)하여 체계적이고 계층적으로 지원하여 AHP 분석의 중요성과 우선순위를 도출한다(Saaty, 1989; 1990). 방법론 또한 쌍대비교(Pair wise comparison)를 통해 상대적 중요도를 평가하여 설문조사를 이용한 평가자의 지식, 경험, 통찰력을 통해 중요 요소를 도출하고 계층적 의사결정 구조를 구성하는 것이다(Sinuany-Stern et al., 2000).

박정일 외(2015)에 따르면, AHP 기법은 의사결정에 고려되는 평가 요소들을 동질적인 집합으로 군집화하고 다수의 수준으로 계층화한 후, 각 수준별로 분석·종합함으로써 최종적인 의사결정에 이르는 과정을 지원한다. 이러한 AHP 기법의 가장 큰 특징은 문제를 구성하는 다양한 평가 요소들을 계층화하고, 계층별 요소들에 대한 쌍대비교(Pairwise comparison)를 통해 요소들의 상대적 중요도를 도출한다. AHP 기법은 인간의 사고와 유사한 방법으로 문제를 분해하고 구조화한다는 점, 그리고 평가 요소 사이의 상대적 중요도와 대안들의 선호도를 비율척도로 측정하여 정량적인 형태로 결과를 도출한다는 점에서 그 유용성을 인정받고 있다. 또한 간결한 적용 절차에도 불구하고 척도선정, 가중치 산정 절차, 민감도 분석 등에 사용되는 각종 기법이 실증분석과 엄밀한 수리적 검토과정을 거쳐 채택된 방법들을 활용한다는 점에서 이론적으로도 높게 평가받고 있다. 일반적으로 AHP 기법은 다음과 같은 절차를 거쳐 수행된다. 첫째, 의사결정 요소들을 계층화하는 단계로써 최상위 계층에는 가장 포괄적인 의사결정의 목표가 제시되고 하위계층으로 갈수록 보다 상세한 의사결정 요소들이 분해된다. 이때 계층 간의 의사결정 요소들은 종속적 관계, 같은 계층의 요소들끼리는 독립적인 관계가 유지되어야 한다. 둘째, 의사결정 요소들을 두 개씩 쌍대 비교(Pairwise comparison)하게 되는데 의사결정자의 선호(Preference) 정도를 Saaty에 의해서 제안된 9점 척도에 의해서 적정한 수치로 수량화한다. 셋째, 고유 벡터법을 사용하여 의사결정 요소 간의 상대적 가중치(Weight)를 추정한다. 넷째, AHP의 마지막 단계는 최하위 계층에 있는 대안들의 상대적 비중 또는 우선순위를 구하기 위해 각 계층에서 계산된 평가 기준들의 상대적 가중치를 종합(Aggregation)하는 과정이다. 최상위 계층에 있는 의사결정 문제의 가장 일반적인 목표를 달성하는 데 최하위 계층에 있는 대안들이 어느 정도 영향을 미치는지 또는 어느 정도의 중요성이 있는지 알아보기 위해 대안들의 종합가중치(Composite relative weights)를 구하는 단계이다. 이들 대안의 종합가중치는 대안의 상대적 비중 또는 우선순위라고도 하며, 대안 선택 또는 자원배분의 기초를 제공한다고 한다. 〈그림 9〉는 케어팜 생태계 활성화 영향요인 연구의 체계를 보여주고 있다.

〈그림 9〉 연구 체계

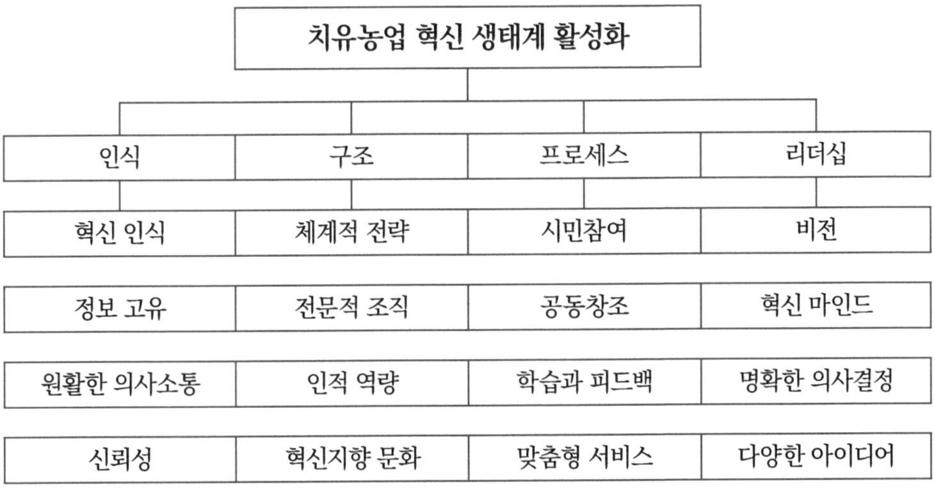

또 본 연구에서는 주요 요인에 대한 객관적 신뢰성을 높이고, 세부 항목을 수정 및 보완하기 위해 델파이 조사를 적용했다. 델파이기법은 전문가들을 대상으로 반복적인 피드백을 통해 하향식 의견 도출로 문제를 해결하는 방식이다(Landeta, 2006). 본 연구에서는 선행연구에서 도출된 요인들에 대해 검토하고 현장에서 논의되는 요인들을 추가 및 보완하였다. 케어팜 관련 20년 이상 종사자 총 5인의 전문가를 대상으로 심층 인터뷰 방식을 통해 수행했고, 결과적으로 4개 영역의 총 16개 요인으로 설계했다.

〈표 15〉 평가 요인 및 정의

평가 영역	평가 요소	정 의
인 식	혁신인식	치유농업의 혁신 필요성에 대한 인식 및 인식의 공유
	정보공유	치유농업 혁신추진을 위해 필요한 정보와 지식 공유
	원활한의사소통	치유농업 혁신추진을 위한 원활한 의사소통과 의견 공유
	신뢰성	치유농업 혁신추진에 대한 커뮤니티 내 상호 간 신뢰
구 조	체계적 전략	치유농업의 혁신생태계 조성을 위한 혁신적이고 체계적인 전략 구축과 추진
	전문적 조직	치유농업 혁신생태계 조성을 위한 전문적 조직구성과 적합한 지배구조
	인적 역량	치유농업 혁신생태계의 업무 추진을 위해 전문성을 갖춘 인력 구성 및 다양한 커뮤니티 및 이해관계자를 통한 인적 구성
	혁신지향 문화	치유농업 혁신생태계 조성을 위한 혁신 지향적 문화와 유연하고 자유로운 환경
프로세스	시민참여	치유농업 혁신생태계 강화를 위한 다양한 시민의 자유로운 참여 시스템과 프로세스 제공
	공동창조	치유농업 혁신생태계 강화를 위한 시민과 이용자와의 공동 가치 구현과 공동 창조 활동 강조
	학습과 피드백	치유농업 혁신생태계 강화를 위한 교육을 통한 학습 강화 및 지속적인 평가와 피드백을 통한 발전적 활동
	맞춤형 서비스	치유농업 혁신생태계 강화를 위한 사용자 중심의 맞춤형 서비스 개발 및 다양한 서비스 제공
리더십	비 전	치유농업 혁신생태계 구축과 활성화를 위한 미래지향적 비전 및 가치 제시
	혁신마인드	치유농업 혁신생태계 구축과 활성화를 위한 혁신 추구 마인드와 전략 지향성
	명확한 의사결정	치유농업 혁신생태계 구축과 활성화를 위한 명확하고 합리적인 의사결정 주체 및 조직
	다양한 아이디어	치유농업 혁신 태계 구축과 활성화를 위해 제시하는 새롭고 다양한 의견 및 아이디어

〈표 15〉에서 보여주는 것과 같이 4개 핵심 영역을 중심으로 총 16개의 세부 하위변수를 구성하였다. 이에 따라 최종적으로 '인식' 요인은 케어팜 혁신생태계 구축 및 활성화에 영향을 미치는 커뮤니티와 이해관계자 간의 인식과 관계성을 의미하는 요인으로 정의했다. '구조'는 생태계 활성화에 영향을 미치는 조직적, 구조적, 환경적 기반을 의미한다. '프로세스'는 생태계 활성화에 영향을 미치는 사용자 중심 운영 프로세스와 시스템이다. 마지막으로 '리더십'은 생태계 활성화에 영향을 미치는 리더의 적극적인 지원과 추진 역량 및 활동을 의미한다.

제3절 연구 대상

3.1 연구 시사점

설계된 모형을 기반하여 쌍대비교를 중심으로 한 AHP 설문지를 구성하여 2022년 1월부터 2월까지 5주간 설문 수집을 진행했다. 설문 대상자는 케어팜 운영에 직접 참여하는 제공자들과 케어팜 운영에 관계되는 이해관계자 집단을 나누어 선정하였다. 제공자 그룹은 사과 농장, 밤 농장 등 다양한 케어팜을 운영하는 운영자들을 대상으로 했다. 이해관계자 그룹은 농업기술센터, 케어팜 연구소, 정부 기관 등 치유농업 운영에 영향을 미치는 전문가들을 대상으로 했다.

조사 척도는 AHP 설문지 설계 가이드라인에 의한 양방향 1-9점 척도로 구성되었다(Podvezko, 2009).

온라인을 통한 화상 인터뷰 방식을 이용하여 일대일 설문조사를 시행했으며, 설문의 배경과 핵심 요인에 대한 정확한 이해를 기반하여 설문 응답을 할 수 있도록 상세한 가이드라인을 제시했다. 최종적으로 총 35부의 설문이 수집되었으며, 이에 일관성이 떨어지는 7개의 응답지를 제외하고 최종 28개의 응답지를 사용하였다. 이렇게 도출된 데이터를 기반하여 분석을 위해서 Microsoft Excel 소프트웨어를 사용하였고,

설문 응답 결과의 신뢰성을 확보하기 위해 일관성 비율(Consistency Ratio)이 0.1 이내의 응답 결과만 분석했다.

〈표 16〉과 같이 응답자 정보를 살펴보면, 남성이 57.1%, 여성이 42.9%로 나타났다. 연령은 50대가 39.3%로 가장 높았다. 이어 40대 28.6%, 30대 25%, 70대 7.1%로 나타났다. 경력은 10~15년 71.4%로 대부분을 차지했고, 15~20년 14.3%, 20년 이상 14.3%로 나타났다. 제공자 그룹과 이해관계자 그룹은 각각 50%씩 동등한 비율로 분석되었다.

〈표 16〉 인구통계학 정보

특 징		빈 도	비율 (%)
성 별	남 성	16	57.1
	여 성	12	42.9
	합 계	28	100
연 령	40대	8	28.6
	50대	11	39.3
	60대	7	25
	70대	2	7.1
	합 계	28	100
실무경력	10-15년	20	71.4
	15-20년	4	14.3
	20년 이상	4	14.3
	합 계	28	100
전문분야	제공자 그룹	14	50
	이해관계자 그룹	14	50
	합 계	28	100

3.2 측정 도구

연구에서는 케어팜의 혁신적인 생태계 활성화에 영향을 미치는 요인을 정의하고, 이에 대한 중요도를 파악하기 위해 AHP 방법론을 활용하였다. 도출된 요인들을 기초로 하여 계층 모델을 구성하였고, 이후 AHP 분석기법을 이용하여 각 요인별 기하평균을 기반으로 요소의 상대적인 중요도를 산출하였다. 그리고 설문 답변의 일관성을 유지하기 위해 측정되는 일관성 지수(Consistency Index: C.I.)와 일관성 비율(Consistency Ratio: C.R.)을 도출하여 신뢰성과 타당성을 제시하였다.

Vargas(1990)는 다음과 같은 진행 순서로 계층을 구성할 것을 권고한다.

첫째, 먼저 계층과 계층 내의 요소를 정의한다. 둘째, 요소 간 쌍대비교를 기반으로 설문조사를 구성한다. 셋째, 응답자가 이러한 질문에 응답할 때 문제를 발견하면 그 계층과 요소를 수정해야 한다. 넷째, 수정된 요소에 의해 질문이 생성된 후 문제가 발생하지 않을 때까지 의사 결정자에게 다시 질문한다.

Harker and Vargas(1987)가 제시한 기준에 따르면, AHP 분석 절차는 쌍대비교를 통해 상위 요소에 기여하는 정도에 대해 9점 척도와 같은 방식으로 중요성을 부여한다. 따라서 쌍으로 각 기준에 대한 대안을 비교하려면 모든 n(n ≥ 1)/2 분석을 수행해야 한다. 생성된 쌍방향 교대 행렬 A는 제곱을 중심으로 역의 형태를 취한다. 행렬은 다음과 같다.

$$A = \begin{matrix} 1 & w/w2 & \cdots & w1/w2 \\ w1/w2 & 1 & \cdots & w1/w2 \\ \vdots & \vdots & 1 & \vdots \\ w1/w2 & w1/w2 & \cdots & 1 \end{matrix}$$

AHP 분석 절차는 고유값 방법을 사용하여 의사결정 요인의 상대적 가중치를 추정하는 것이다. 대안의 상대적인 중요도 벡터를 고려할 때, 위의 방정식에서 나타난 쌍대 비교 행렬 A와 w 사이의 관계는 다음과 같다.

$$Aw = nw$$

그러나 응답자가 쌍방향 교대 행렬 A의 각 원소에 대한 가중치 w를 모르는 경우 다음 방정식을 사용하여 도출한다.

A′- w′= λmax·w′

또한 일관성 정도는 다음과 같이 일관성 지수(CI)와 일관성 비율(CR)을 통해 구할 수 있다.

CI = CR = × 100(%)

제4절 분석 결과

4.1 평가 변수 비교

케어팜 생태계 활성화 영향요인에 대해 분석한 결과는 0.038-0.0336으로 신뢰도(CR) 값이 유효한 것으로 나타났다.

〈표 17〉 평가 변수의 가중치 및 우선순위

평가 영역	분야별 가중치	평가 요인	평가 요인의 가중치			
	Local		Local	Priority	Global	Priority
인식	0.440	혁신인식	0.271	2	0.119	2
		정보공유	0.179	4	0.079	5
		원활한 의사소통	0.260	3	0.114	3
		신뢰성	0.290	1	0.128	1
구조	0.231	체계적 전략	0.277	2	0.064	6
		전문적 조직	0.166	4	0.038	13
		인적 역량	0.365	1	0.084	4
		혁신지향 문화	0.365	3	0.044	11
프로세스	0.158	시민참여	0.310	1	0.049	8
		공동 창조	0.194	4	0.031	15
		학습과 피드백	0.197	3	0.031	14
		맞춤형 서비스	0.300	2	0.047	9

리더십	0.171	비전	0.343	1	0.059	7
		혁신 마인드	0.232	3	0.040	12
		명확한 의사결정	0.269	2	0.046	10
		다양한 아이디어	0.156	4	0.027	16
합계	1.000		4.000		1.000	

* Local: 각 기준 그룹의 평가 요인의 평균값 ** Global: 전체 기준에서 평가 요인의 평균값

분석 결과, 〈표 17〉에서 보여주듯이 인식(0.440)이 가장 중요한 요인으로 분석되었다. 다음으로 구조(0.231), 리더십(0.171), 프로세스(0.158) 순으로 나타났다. 세부 항목을 살펴보면 인식 영역에서는 신뢰성(0.290)이 가장 중요한 요인으로 도출되었다. 구조 영역에서는 인적 역량(0.365)이, 리더십 영역에서는 비전(0.343), 프로세스 영역에서 시민참여(0.310)가 중요한 요인으로 나타났다. 16개 요인의 상위 5위권 요인들을 살펴보면 신뢰성(0.129), 혁신 인식(0.119), 원활한 의사소통(0.114) 인적 역량(0.365), 정보공유(0.079) 순이었다.

결국 케어팜이 혁신적인 공공서비스 생태계로서 활성화되기 위해서는 치유농장을 이끌어가는 주체들의 상호 간 신뢰와 인식, 의사소통과 인적 역량 등이 중요한 영향요인으로 작용할 수 있음을 확인할 수 있다.

4.2 이해관계자와 제공자의 평가 영역 비교

〈표 18〉에서 살펴볼 수 있듯이 제공자 그룹과 이해관계자 그룹을 비교 분석한 결과, 제공자 그룹은 인식(0.487, 1위), 구조(0.208, 2위), 프로세스(0.154, 3위), 리더십(0.151, 4위) 순으로 나타났다. 이해관계자 그룹은 인식(0.401, 1위), 구조(0.255, 2위), 리더십(0.188, 3위), 프로세스(0.156, 4위)로 나타났다.

〈표 18〉 평가 영역 비교분석 결과

평가 영역	영역의 가중치			
	제공자 그룹		이해관계자 그룹	
	중요도	가중치	중요도	가중치
인식	0.487	1	0.401	1
구조	0.208	2	0.255	2
프로세스	0.154	3	0.156	4
리더십	0.151	4	0.188	3
Total	1.000		1.000	

두 그룹 모두 인식과 구조는 동일한 순위를 나타냈고 제공자 그룹은 리더십 보다 프로세스가 더 중요한 것으로 나타났다. 반면 이해관계자 그룹은 프로세스보다 리더십이 더 중요한 요인으로 나타나 차이를 보였다.

4.3 이해관계자와 제공자의 평가 요인 비교

〈표 19〉와 같이 두 그룹의 평가 요인을 세부적으로 비교 분석했다.

〈표 19〉 평가 요인 비교분석 결과

평가 요인	평가 요인의 가중치				요인별 가중치 (by Global) Provider Group Stakeholder Group	
	Local		Global			
	Provider Group	Stakeholder Group	Provider Group	Stakeholder Group		
혁신인식	0.161	0.403	0.078	0.161	4	1
정보공유	0.130	0.214	0.063	0.086	5	3
원활한 의사소통	0.314	0.193	0.153	0.077	2	4
신뢰성	0.395	0.190	0.192	0.076	1	5
체계적 전략	0.203	0.359	0.042	0.092	9	2
전문적 조직	0.127	0.205	0.026	0.052	13	9
인적 역량	0.482	0.251	0.100	0.064	3	6
혁신지향 문화	0.188	0.185	0.039	0.047	11	10

시민참여	0.352	0.263	0.054	0.041	6	12
공동 창조	0.162	0.231	0.025	0.036	14	16
학습과 피드백	0.162	0.236	0.025	0.037	14	14
맞춤형 서비스	0.324	0.271	0.050	0.042	8	11
비전	0.343	0.294	0.052	0.055	7	8
혁신 마인드	0.232	0.296	0.035	0.056	12	7
명확한 의사결정	0.269	0.217	0.041	0.041	10	13
다양한 아이디어	0.156	0.193	0.024	0.036	16	14
	4,000	4,000	1,000	1,000		

주요 3순위 요인들을 비교 분석한 결과 제공자 그룹은 신뢰성(0.192), 원활한 의사소통(0.153), 인적 역량(0.064) 요인이 중요하게 강조되었다. 반면 이해관계자 그룹은 혁신 인식(0.161), 체계적 전략(0.092), 정보공유(0.086) 요인이 강조되어 대조적인 차이를 나타냈다.

두 그룹 모두 평가 영역의 인식을 가장 중요하게 보고 다음으로 구조를 강조하고 있다. 제공자 그룹의 경우 혁신인식 (0.078, 4위), 정보공유(0.063, 5위), 시민참여(0.054, 6위), 비전(0.052, 7위), 맞춤형 서비스(0.050, 8위)를 나타냈다. 이해관계자 그룹은 원활한 의사소통(0.077, 4위), 신뢰성(0.075, 5위), 인적 역량(0.064, 6위), 혁신 마인드(0.056, 7위), 비전(0.055, 8위)를 나타냈다. 제공자 그룹의 경우 프로세스 영역의 시민참여나 맞춤형 서비스를 강조하는 반면 이해관계 그룹은 리더십 영역의 혁신 마인드와 비전을 강조하는 차이를 나타냈다. 이는 제공자 그룹과 이해관계자 그룹의 평가 영역 비교분석에서 두 그룹 간의 프로세스와 리더십의 순위가 바뀌는 결과로 나타났다. 공통적으로 신뢰성, 원활한 의사소통, 혁신인식, 정보공유, 인적 역량, 비전 등의 중요성을 강조하고 있음을 확인할 수 있다.

4.4 논의

전통적 농업에서 치유농업으로 혁신생태계를 구축하기 위해서는 발상의 새로운 전환이 선결 요건이며 농업과 복지의 연계 필요성에 대한 신뢰와 혁신인식이 아주 중요하다(Bragg et al., 2016). 신뢰에 기반한 혁신인식의 동의를 위해 공보 공유와 원활한 의사소통은 필수불가결한 요인이다. 특히 농업과 복지의 연계가 케어팜 생태계 구축에 있어서 중요하므로 정부 부처를 중심으로 한 공공부문의 혁신인식과 소통이 사업 초기에 중요하다(Hassink et al., 2007). 황정섭·황윤민(2020)에 따르면, 케어팜 활성화를 위해 농업과 복지를 담당하는 중앙정부와 지방자치단체 부처들의 상호 유기적인 협조가 기본적으로 필요하다고 제안한다.

기존의 부처별 업무 영역과 관행의 혁신이 케어팜 사업의 출발에 있어서 중요하다. 이러한 공공부문의 혁신인식과 실천은 케어팜 활성화의 다른 주체인 민간 영역의 참여자들에게 사업 참여의 동기부여로 작용하게 된다. 이러한 혁신인식과 소통을 통해 형성된 민관협조를 통해 케어팜 생태계는 원활하게 구축되고 확대될 수 있기 때문이다.

케어팜의 혁신적 생태계 구축에 있어서 사업의 타당성과 전망에 대한 신뢰는 사업의 안정적 기반 구축과 확장에 있어서 결정적인 역할을 할 수밖에 없다. 제공자와 이해관계자 모두에게 농업과 복지가 연계된 케어팜은 새롭게 인식을 제고하고 실천의 영역으로 확장해야 하는 혁신적 농업, 혁신적 복지의 메커니즘이기 때문이다(Peppers and Rogers Group, 2010). 케어팜 참여 주체들의 사업에 대한 전망과 인식이 전제되면 다음으로 참여 주체 상호 간의 신뢰가 중요하다. 농업과 복지 영역의 중요한 변화를 수반하는 전환과정에서 참여자 상호 간의 신뢰의 형성과 강화는 사업 추진의 동력이 되며 사업 성패에 있어서 아주 중요한 요인이다.

연구 결과에서 보듯이 이해관계자 그룹과 제공자 그룹의 리더십과 프로세스의 우선순위가 다르다(Selden et al., 2006; Hine et al., 2008). 이해관계자 그룹에서는 초기 단계인 케어팜의 정착과 확대에 따르는 어려움을 극복하기 위해 리더십이 발휘되어야 조기에 정착하고 프로세스를 적용하며 확대를 꾀할 수 있다는 점에서 리더십을 우선순위로 보는 것 같다. 반면에, 제공자 그룹은 리더십의 핵심인 자신들의 존재에 기반해 프로세스를 우선시하는 경향이 나타난 것으로 보인다. 혁신인식에 기반한 제공자로서 프로세스를 통해 케어팜 생태계 활성화에 대한 의지의 반영으로 보인다.

이러한 차이는 제공자 그룹과 이해관계자 그룹 각각의 존재 조건이 의식 및 실천 방향에 있어서 판단 차이를 나타내고 있는 것으로 볼 수 있다. 제공자와 이해관계자 모두에게 전통적 농업에서 치유농업으로의 전환은 혁신적 농업, 혁신적 복지의 기제이기 때문이다. 케어팜 운영 주체인 제공자 그룹의 입장에서 새로운 비즈니스 모델 구축에 대한 도전의 측면도 강할 수밖에 없다. Wauters and Raats(2018)은 이해관계자의 활동과 중요성을 강조했다. 사업의 초기 단계에서 성패는 내부 구성원과 이용자 모두에게 신뢰성을 기본적으로 획득해야 한다. 사업의 본격적인 진행 과정에서는 케어팜 운영진 내부와 이용자 간의 상호 의사소통이 중요한 것으로 보고, 운영 주체의 인적 역량이 구조의 측면에서 사업의 질과 양을 결정하는 데 중요하다고 본 것이다.

이에 반해 이해관계자들은 케어팜 혁신인식이 전제되어야 이후 사업의 정착과 발전의 프로세스가 정상적으로 작동하는 것으로 보고, 체계적 전략의 수립과 시행도 사업의 발전에 핵심적 요인으로 보고 있다(Osborne et al., 2021). 다음으로 제공자와 이해관계자 두 그룹 모두가 신뢰성과 혁신인식, 정보공유와 원활한 의사소통, 인적 역량과 비전을 통해 혁신생태계의 기반을 마련하고 확대할 수 있는 관건이 된다고 본 것이 확인되었다. 이러한 다양한 영향요인에 따른 우선순위 선택과 케어팜 생태계의 활성화를 위해 요인들 간의 결합이 중요하다는 결론에 이르게 된다.

제5절 소결론

본 연구는 전 세계적으로 인구 고령화와 도시화 등의 문제로 인한 인간의 정신적, 신체적 건강증진을 도모하기 위해 치유농업이 해결 방안의 하나로 대두되는 상황에서 공공서비스 혁신 기반 케어팜 생태계 활성화를 위한 의사결정 모델을 살펴보았다. 연구 결과는 계획, 자원분포, 예측에 대한 영향요인을 분석하는 데 주로 사용하는 AHP 방법론(Podvezko, 2009)을 통해 케어팜 생태계가 활성화되기 위해서 이끌어가는 주체들의 혁신인식과 상호 간 신뢰, 정보공유를 통한 의사소통이 중요하며, 인적 역량 등이 중요한 영향요인으로 작용할 수 있음을 확인할 수 있었다. 또한 케어팜 생태계 활성화를 위해 다양한 요인이 정책적 의사결정에 영향을 미친다는 것을 확인했다.

결국 케어팜 생태계 활성화를 위해 참여 주체인 제공자와 이해관계자들의 혁신 필요성에 대한 긍정적 인식을 도모해야 한다. 농업과 복지의 연계가 성패를 좌우하므로 정부 부처를 중심으로 한 공공부문 혁신인식과 소통이 중요하며, 제공자와 이해관계자들의 인식은 케어팜 생태계 혁신의 방향을 결정하고 혁신인식의 공유를 통해 사업 추진의 동력 형성에 기반이 되기 때문이다. 또한 케어팜 생태계 활성화를 위해 이해관계자 간의 신뢰를 구축하기 위한 노력이 중요할 것이다. 케어팜 생태계 구축과 활성화를 위해 참여자들의 혁신추진에 대한 커뮤니티 내의 상호 간 신뢰는 혁신인식의 공감대에 기초를 두고 사업에 대한 확신과 전망을 공유하기 때문이다.

본 연구는 케어팜 생태계 활성화를 위한 의사결정 모델 구축을 위해 공공서비스 혁신생태계 구축이론에 기반하여 연구 결과를 도출하였다. 케어팜 확산을 위해서는 정책적 결정과 행위 주체들의 전략적 인식 확산이 중요함을 확인하였다.

그러나 본 연구는 다음과 같은 한계를 가지고 있다. 첫째, 케어팜의 영향요인은 기존 공공부문 혁신에 대한 영향요인을 기준으로 정의하였다. 케어팜에 영향을 미치는 세부 요인을 도출하기 위해 델파이 조사기법을 이용하여 전문가의 의견을 반영하였으나, 추가요인은 제시하지 못했다. 추가 연구에서는 케어팜 운영에 영향을 미치는 요소에 대해 보다 상세한 요인을 도출하고 이에 대한 제안을 모색할 필요가 있다.

둘째, 본 연구는 한국의 케어팜 운영자와 이해관계자를 대상으로 하였다는 점에서 한계가 있다. 케어팜을 선도하는 유럽, 미국, 일본 등 다양한 국가를 대상으로 한 연구로 비교분석을 할 수 있다.

마지막으로 본 연구는 AHP 방법론을 통해 영향요인에 대한 중요도 결과만을 제시했기 때문에 한계가 있다. 추가 연구에서는 케어팜 영향요인이 실제 운영 결과에 어떤 영향을 미치는지에 대한 성공 요인의 인과관계를 도출하고 제시할 수 있는 실증연구를 수행할 수 있다.

Chapter 05 결론 및 시사점

본 장에서는 연구목적 달성을 위해 사례연구인 '사회-기술 전환이론 관점의 취약계층 심신치유를 위한 케어팜 운영전략'과 실증연구인 '공공서비스 혁신 기반의 케어팜 생태계 활성화를 위한 의사결정 모델'의 연구 결과를 바탕으로 케어팜 운영전략과 활성화 영향요인의 선택 우선순위를 분석했다. 사례연구인 '사회-기술 전환이론 관점의 취약계층 심신치유를 위한 케어팜 운영전략'은 국내 케어팜 중 하나인 그린비네를 연구 대상으로 하였다. 케어팜 운영의 선진국들인 유럽, 미국, 일본에서 활발하게 발전되고 있는 것과는 달리 국내에서는 2021년 치유농업법이 시행되면서 본격적인 육성 단계에 돌입했다. 치유농업법의 제정과 시행을 통해 케어팜이 발전의 계기는 마련하였으나 케어팜 인증제도, 농업과 복지의 연계 등 후속 정책들이 아직 미흡한 실정이다. 다양한 형태로 존재하고 있는 국내의 기존 케어팜 관련 농장들도 법률과 제도의 정착 과정이 진행됨에 따라 새롭게 발전을 위한 변화를 모색하는 준비 단계에 있다고 볼 수 있다. 이러한 상황에서 이미 5년째 안정적으로 케어팜을 운영하며 다양한 사업을 전개하고 있는 그린비네의 사례를 분석해봄으로써 케어팜의 성공적 운영을 위한 메커니즘을 확인하고 사업의 성공 전략에 대한 시사점을 도출하였다.

'공공서비스 혁신 기반의 케어팜 생태계 활성화를 위한 의사결정 모델'은 델파이기법과 AHP 분석기법을 활용하여 공공서비스 혁신 기반의 케어팜 생태계 활성화를 위한 의사결정 모델에 대해 살펴보았다. 역사적으로 공공서비스의 개념적 변화 과정과 신공공관리론 출현 이후 공공부문과 민간부문의 융합적 메커니즘이 발생하고 있는 현상을 확인하였다. 공공서비스의 종래 현상과는 다른 혁신적 변화에 기반하여 정부와 공공영역, 민간 부문 등 경제주체들의 다양한 대응 양태를 확인하였고, 이러한 상황에 기반하여 케어팜 생태계가 출현하고 발전을 해왔다. 국내에서도 농업과 복지의 융합적 연계를 통해 확대되고 있는 세계적 추세에 발맞추고, 케어팜 생태계의 구축과 발전을 위해 공공서비스 부문의 혁신적인 변화를 시작하고 있다. 국내에 케어팜이 도입되어 농업과 복지 영역의 혁신적인 변화와 상호 연계를 통한 생태계가 활성화되는 과정에서 주요한 의사결정에 영향을 미치는 요인이 무엇인지 탐구하고자 하였다. 더 나아가 이 연구를 통해 케어팜 생태계 구축과 활성화를 위한 의사결정에 있어서 영향요인들의 메커니즘과 시사점을 도출하였다.

본 연구를 통해 본격적인 출발을 시작한 국내 케어팜의 성공적인 정착과 농업, 노동, 복지의 상호 연계적 발전에 바람직한 시사점을 제공하며, 연구의 한계점과 후속 연구의 방향을 제시하였다.

제1절 연구의 의의 및 시사점

심신치유를 위한 케어팜 운영전략과 생태계 활성화 영향요인의 선택 우선순위에 관한 연구는, 사례연구인 '사회-기술 전환이론 관점의 취약계층 심신치유를 위한 케어팜 운영전략'과 실증연구인 '공공서비스 혁신 기반의 케어팜 생태계 활성화를 위한 의사결정 모델'을 토대로 진행했다. 사례 연구는 국내의 케어팜 그린비네를 연구 단위로 하여 미시수준의 틈새(Nich), 중간수준의 체제(Regime), 거시수준의 환경(Landscape) 단계의 역할과 상호작용을 통해 형성되는 운영 메커니즘을 분석한 것이다. 실증 연구는 AHP 기법으로 케어팜 생태계 활성화 영향요인의 선택 우선순위를 연구한 것이며, 본 논문의 결론은 다음과 같다.

첫째, 케어팜 개설과 활동 과정에서 지역 사회와 연계하여 각종 사업을 추진해야 한다는 점이다. 이를 통해 지자체와 지역주민들과의 소통 및 정보 공유를 통해 케어팜에 대한 인식을 제고시키며 사업적 연계를 높일 수 있다. 이러한 제공자와 이해관계자의 상호적 신뢰와 원활한 의사소통은 유기적인 협조 관계를 더욱 돈독하게 구축하는 계기가 될 수 있다.

둘째, 전문적인 인력 이외에 복지 사업 강화를 통한 봉사자와 참여자 확대에 따른 주체 강화 측면의 중요성이다. 참여 주체의 확대는 도시인들이 사업 목적 등을 이해하면서 재능기부에 동참하는 확대 현상이다. 이러한 체계적 전략과 비전을 통해 다양한 인력들이 사업의 주체로 활동하게 되고, 인적 역량 강화를 통해 사업 전반의 전문성이 제고된다. 결과적으로 농업과 복지 영역의 융합 활동이 더욱 극대화되는 효과를 얻을 수 있다.

셋째, 인터뷰 조사를 통해 확인된 것처럼 다양한 조건의 케어팜 이용자들이 치유농업 활동을 통해 심신 단련과 정서적 안정, 치유 및 재활 의지 개선 효과를 획득할 수 있다. 케어팜 이용자들이 농업 활동에 대한 일체감과 자아존중감이 증대되어 일방적인 복지서비스의 제공이 아닌 주체적인 심신치유의 결과가 나타나는 긍정적 효과를 얻을 수 있다. 이는 케어팜의 치유 활동이 다양한 목적을 위해 폭넓게 활용될 필요가 있음을 보여준다.

넷째, 케어팜은 성공적인 사업을 추진하기 위해 필수적인 인력과 재정의 확보, 자발적 재능기부, 독지가 후원 등 다양한 이해관계자들 간의 협력과 융합 활동이 필요하다. 이러한 활동을 통해 새로운 프로그램과 맞춤형 서비스를 개발하고 제공할 수 있는 운영역량이 확보된다. 결국 농업과 복지의 연계를 통해 다양한 네트워크 연계와 이해관계자 간의 시너지 창출을 위한 전략적 활동이 필요하다.

다섯째, 케어팜에 대한 사회적 인식의 확산을 위해 정부와 지자체의 법·제도적, 정책적 지원이 중요하다. 이는 국내 케어팜의 확산에 결정적 기반이 된다. 아울러 케어팜 사업의 소관 부처인 농림축산식품부와 보건복지부의 유기적 협조체제가 중요하며, 지자체의 관련 부처 간 협조적 행정 처리에도 근거와 규범으로 작용하게 된다. 따라서 케어팜의 발전적 운영을 위해서는 정부와 지자체의 정책 발전을 위한 부처

간 유기적 공조와 협조체제 구축이 중요한 전략이 될 수 있음을 확인할 수 있다.

심신치유를 위한 케어팜 운영전략과 생태계 활성화 영향 요인의 선택 우선순위에 관한 연구 결과를 통해 다음과 같은 시사점이 도출되었다.

첫째, 케어팜 생태계가 활성화되기 위해서는 혁신인식과 신뢰성, 원활한 의사소통, 정보공유가 가장 중요한 요인으로 도출되었고, 인적 역량, 체계적 전략, 비전, 시민참여, 혁신 마인드 등의 요인이 그 뒤를 이었다. 따라서 케어팜의 혁신적인 공공서비스 생태계 활성화에 대한 제공자와 이해관계자들의 다양한 영향요인의 존재와 상호 작용을 확인하였다. 이는 케어팜을 이끌어가는 주체들인 제공자와 이해관계자들에게 기본적으로 혁신의 필요성에 대한 긍정적 인식이 도모되어야 하고 이는 사업 추진의 핵심 기반을 형성한다. 이를 통해 케어팜 사업의 전망을 공유하고 확산을 위한 동력이 확보될 수 있으며 주요한 정책적 의사결정의 집행에 실질적인 전제조건으로 작용한다. 또한 케어팜 생태계 구축과 활성화를 위해 참여자들의 치유농업 혁신추진에 대한 커뮤니티 내의 상호 간 신뢰는 혁신인식의 공감대 형성에 기초가 된다. 케어팜 생태계의 제공자와 이해관계자 등 수직적, 수평적 구조를 형성하는 이들의 상호 간 신뢰는 사업에 대한 확신과 전망을 공유하며 사업 성패의 결정적 요인이다. 다양한 참여자들의 상호 간 신뢰는 유형적인 자원의 확보도 중요하지만 케어팜 사업의 가장 중요한 무형적 자산이므로 끊임없이 강화하여야 한다.

둘째, 정부 부처를 중심으로 한 공공부문의 공공서비스 생태계 혁신에 대한 원활한 의사소통과 정보공유가 중요하다. 공공서비스 혁신 기반의 케어팜 생태계 활성화를 위해서 정부와 지자체 등 공적 영역의 혁신을 위해 원활한 의사 소통과 정보공유가 되어야 농업과 복지의 실질적인 연계가 가능해질 수 있다는 점이다. 케어팜 생태계 혁신의 방향을 결정하고 정책 결정을 하는 정부 부처와 지자체 등 공공부문의 공공서비스 생태계 혁신을 통해 케어팜의 확산과 성공의 가능성을 높이는 것이 케어팜 사업 추진의 관건이다.

셋째, 농업과 복지 연계의 중요성은 케어팜 선진국인 네덜란드 등 유럽과 일본의 발전과정을 살펴볼 때 아무리 강조해도 지나치지 않다. 농업과 복지의 연계를 토대로 케어팜 경영자들의 다양한 프로그램 개발 및 운영을 위한 노력과 정부,지자체의 제도적 뒷받침이 같이 진행되어야 케어팜 산업의 혁신적 육성이 가능하다. 현재 국내의 케어팜이 본격적인 확산의 계기를 맞고 있는 상황에서 본 논문은 케어팜 인증제를 비롯한 추가적인 제도 설계와 홍보를 통한 인식 확산의 중요성 등에 대한 시사점을 제시하고 있다.

제2절 연구의 한계 및 향후 연구 방향

본 연구는 심신치유를 위한 케어팜 운영전략과 생태계 활성화 영향 요인의 선택 우선순위에 대해 분석했다. 이를 통해 의미 있고 다양한 시사점을 얻을 수 있었지만 다음과 같은 한계를 지니고 있으며, 향후 연구 방향은 다음과 같다.

첫째, 본 연구는 농업, 노동, 복지를 연계한 사회서비스 활동으로 강조한 케어팜의 대표 성공사례로 그린비네를 분석하였다. 그러나 본 연구는 단일 사례 연구로 그린비네 사례분석 결과가 통합형 케어팜 사례를 대표할 수 없다는 일반화의 한계를 가진다. 이에 따라 향후 농업활동과 복지서비스의 융합을 지향하며 통합형 사업을 추진하는 더 많은 국내외 케어팜 사례들을 비교 분석하는 다중 사례연구가 필요하다. 이를 통해 케어팜의 성공적인 운영전략에 영향을 미치는 핵심 성공 요인을 다양하게 도출하고, 케어팜의 세계적인 선진국들의 동향을 추적하며, 그 특징과 차이점을 비교 분석하는 연구를 진행할 필요가 있을 것이다.

둘째, 본 연구에서는 사회-기술 전환이론 관점에서 그린비네 사례를 분석했지만 케어팜 운영 활동의 세부적인 활동 요인과 경영 전략적 핵심 요인들에 대한 세부 활동 내용 분석을 다루지 못했다는 한계를 가진다. 이에 향후 연구에서는 케어팜의 경영전략 활동을 고려한 세부 요인들을 기반하여 케어팜의 운영 효과성이나 성과에 영향을 미치는 요인들의 관계를 좀 더 정밀하게 실증연구 측면에서 진행할 수 있겠다.

셋째, 본 연구는 기존 공공부문의 혁신을 위한 영향요인을 기반하여 케어팜의 영향요인을 정의하였다. AHP 연구 방법론을 통해 영향요인에 중요도 결과만을 제시했다는 연구의 한계를 가진다. 물론 케어팜에 영향을 미치는 세부 요인을 도출하기 위해 델파이기법을 통해 전문가들의 의견을 반영하였으나 추가적 요인이 제시되지 못한 한계가 있다. 이에 향후 연구에서는 케어팜 생태계 활성화 영향요인들이 실제 운영 결과에 세부적으로 어떤 영향을 미치는지에 대한 요인을 파악하고 인과관계를 도출하여 제시하는 다양한 실증연구가 진행될 수 있을 것이다.

넷째, 본 연구는 한국의 케어팜 제공자와 이해관계자를 대상으로 연구를 진행했다는 한계를 가진다. 이에 향후 연구에서는 케어팜을 이끌어가는 유럽, 미국, 일본 등의 다양한 국가들을 대상으로 한 비교분석이 진행될 수 있을 것이다.

마지막으로, 본 연구는 이러한 한계에도 불구하고 사례연구를 통한 케어팜 운영 전략과 실증연구를 통한 케어팜 생태계 활성화를 위한 의사결정 시스템의 영향요인과 선택 우선순위에 대해 분석했다. 케어팜이 주체, 환경, 자원, 메커니즘의 활용을 통해 성과를 창출하는 것과 바람직하고 성공적인 경영 활동의 전략을 제시하고 있다. 국내에서 본격적으로 전개되기 시작한 케어팜이 노동, 농업, 복지의 상호 조화로운 연계와 혁신을 통해 각각의 관성적인 한계를 극복하고 산업계에 새롭게 요구되고 있는 ESG 등에 대한 대처 방안을 고민하면서 연구를 진행하였다.

이와 관련하여 MESA(Mechanism-Based View / Ethics / System Dynamics / AI)에 입각한 문제의식과 향후 과제는 다음과 같다.

첫째, 메커니즘기반관점은 본 논문의 전반에 걸쳐 연구의 기초를 두고 있지만 별도 연구를 진행하지 못한 아쉬움이 있으며 이는 향후의 과제로 남긴다.

둘째, 연구 윤리는 연구의 시작부터 마무리까지 철저히 준수하고자 하였다. 연구에 있어서 윤리 의무의 준수는 아무리 강조하더라도 지나치지 않다.

셋째, 각각의 시스템 동학에 대해서는 인과순환지도를 통해 본 연구의 전반적인 흐름을 파악할 수 있도록 작성하였다.

다섯째, 코로나 시기를 거치면서 전 세계적으로 디지털 대전환이 진행 중이고 AI가 인간의 삶 곳곳에 영향을 미치고 있으며, 경영에서도 생존과 발전에 필수적인 시대가 되었다. 본 논문에서는 스마트 팜과 스마트 장기 요양 등에서 유력하게 활용되기 시작한 AI를 케어팜의 발전 방향에 유기적으로 연결하는 연구까지는 진행하지 못했으며, 향후 연구과제로 남긴다.

참고문헌

강남훈·김영수·김인재·송유나·송태수·안현효(2010), 전력산업구조개편과 수직통합의 경제학, 서울, ㈜사회평론.

국립원예특작과학원(2016), 치유농업총서, 국립원예특작과학원 도시농업연구팀, 10.

김경미(2017), “치유농업의 국내외 비즈니스 사례,” 인간식물환경학회학술대회, 21(36), 21-36.

김경미·문지혜·정순진·이상미(2013), “한국 치유농업의 현황 및 특성 분석,” 농촌지도와 개발, 20(4), 909-936.

김미옥(2019), “농업을 활용한 마음 치료: 치유농업,” 충북 Issue & Trend, 36, 10-15.

김영수(2005), “한국 공공부문 노동운동의 투쟁노선에 대한 비판적 고찰: 민주적 구조조정론과 사회공공성론을 중심으로,” 한국정치학회보, 39(3).

김옥진(2016), “치유농업으로서 축산동물을 활용한 치유 프로그램 운영에 대한 고찰,” 한국동물매개심리치료학회지, 5(1), 1-13.

김정숙·엄영호(2018), “공공조직의 공공성과 수익성에 미치는 영향요인 분석: 행위자, 제도, 환경을 중심으로,” 지방정부연구, 22(3), 137-160.

김희강(2016), “돌봄국가: 복지국가의 새로운 지평,” 정부학연구, 22(1), 5-30.

농림축산식품부(2020), 2020년 시·도별 사회적 농장 현황.

농업법인 덕은(2020), 2020년 사업보고서.

농촌진흥청(2016), 한국·네덜란드 치유농업 총서.

농촌진흥청(2020), 치유농업, 농업기술 길잡이.

농촌진흥청(2021), 농업·농촌이 주는 녹색 처방전 ‘치유농업’.

농촌진흥청(2022), 제1차 치유농업 연구개발 및 육성 종합계획(’22~’26)

디지털노동문화복지센터(2019), 그린비네 2019년 사업보고서.

바흐닝언케어팜연구소(2022), 케어팜 전문가과정 3기 자료집.

박동오·송위진(2008), “지속가능한 기술을 향한 새로운 접근,” 과학기술학연구, 8(2), 57-81.

박수지(2009), "복지국가의 사회서비스 제도화 및 재구조화에 대한 고찰: 독일의 사례를 중심으로," 한국사회복지학, 61(3), 155-177.

박정일·이도경·김성훈(2015), "농업 6차 산업화 정책의 우선순위 분석: AHP를 이용하여," Korean Journal of Agricultural Science, 42(4), 461-467.

배승종·하정우(2007), "AHP 기법에 의한 농촌어메니티 가치 평가 모델 개발," 한국농공학회논문집, 49(5).

배승종·김수진·김대식(2019), "치유농업 서비스 활성화를 위한 정책 우선순위 분석," 농촌계획, 25(3), 89-102.

보건복지부(2020), 치유농업으로 어르신의 정신건강을 되찾아 드립니다.

성지은·송위진(2007), "총체적 혁신정책의 이론과 적용: 핀란드와 한국의 사례," 기술혁신학회지, 10(3), 555-579.

성지은·송위진(2021), "전환적 혁신정책과 혁신정책의 재구성," 과학기술정책연구원, 2021-02.

성지은·정병걸·송위진(2012), "지속가능한 사회기술시스템으로의 전환과 백캐스팅: 네덜란드의 지속가능한 교통· 식품· 가정 시스템 전환 사례를 중심으로," 과학기술학연구, 12(2), 81-116.

성지은·조예진(2013), "시스템 전환과 지역 기반 전환 실험," 과학기술정책, 193, 27-45.

송위진(2013), "지속가능한 사회· 기술시스템으로의 전환," 과학기술정책, 193, 4-16.

신진욱(2007), "공공성과 한국사회," 시민과세계, 11, 18-39.

안규미(2017), 독일의 사회적 농업, 세계농업, 197.

양성욱(2015), "사회서비스의 공공성 실현에 관한 연구: 사회서비스 바우처 제공기관에서의 공공가치 실현," 박사학위 논문, 가톨릭대학교.

오건호(2003), 공공부문 노동운동의 새로운 화두, 공공성·공공연맹 32.

유은하·김재순·정순진·강용구·권혜림(2021), "국내 치유농장의 운영 프로그램 분석: 치유농업 육성 시범사업 참여 농가를 중심으로," 휴양및경관연구, 15(3), 1-12.

유지윤·오문향(2020), "농촌마을의 힐링자원화 선진사례분석을 통한 국내 농촌힐

링관광지 육성 정책모델 연구," 관광연구, 35(1), 37-55.

윤순근(2020), "발달장애인의 감성요인이 사회통합에 미치는 영향에 관한 연구: 사회적 농업 참여 활동을 매개효과로," 박사학위논문, 칼빈대학교.

이민호·윤수재(2009), "공공기관의 공공성과 효율성 간의 조화 방안 모색: TRIZ 모형을 통한 모순 해결 방식의 적용," 한국사회와 행정연구, 20(2), 187-214.

이상문(2001), "주민참여에 의한 농촌어메니티 자원의 발굴과 계획," 농어촌과 환경, 11(4), 33-41.

이상우·조자영·김가원·유은하·장영신(2020), "사회복지 분야 치유농업에 대한 질적 연구," 공공정책연구, 37(2), 273-301.

이상준(2019), "에너지 전환 추진에 있어 정부의 역할과 한계: 전환이론 관점을 중심으로," 에너지경제연구원, 2019-04.

이수미·정병웅(2022), "치유농업관광이 코로나-19(COVID-19) 인식에 미치는 영향: 심리적 안녕감의 매개효과," 동북아관광연구, 18(1), 85-107.

이영석·김병근(2014), "사회-기술 전환이론 비교 연구 -전환정책 설계와 운영을 위한 통합적 접근," 한국정책학회보, 23(4), 179-210.

이윤정(2016), "네덜란드의 사회적 농업: 치유농업(Care Farming)을 중심으로," 한국농촌경제연구원, 세계농업, 195, 31-47.

이재달·박 일(2015), "생태관광 목적지 탐방객의 동기요인과 충성도 간의 구조관계 분석과 전략," 마케팅논집, 23(2). 47-65.

이주호·최창용(2017), "혁신생태계 조성을 위한 정부개혁," 한국개발연구원, 2017-2.

이혜진(2016), "영국의 사회적 농업," 세계농업, 196.

임송수(2017), "사회적 농업: 결론 및 시사점," 세계농업, 197, 31-45.

임송수·김승애(2016), "유럽의 사회적 농업 개관과 이탈리아의 사례," 세계농업, 195, 1-22.

임송수·임지은(2017), "사회적 농업: 패러다임의 전환," KREI 현안분석, 26.

전영현·임송수(2016), "일본의 사회적 농업," 세계농업, 196.

전호성·임영언(2022), "일본과 네덜란드의 농업-복지 연계 치유농업의 전개과정 비교 연구: 정책과제를 중심으로," 한국과 국제사회, 6(1).

정구현(2006), “사회혁신과 조직혁신,” 한국혁신학회지, 1(1), 53-60.

정병걸(2014), “네덜란드의 전환정책,” STEPI Working Paper, 1-43.

정병걸(2015), “이론과 실천으로서의 전환: 네덜란드의 전환이론과 전환정책,” 과학기술학연구, 15(1), 109-143.

조동성(2014), 메커니즘 기반관점: 통합적 경영을 위한 새로운 전략 패러다임, 서울, 서울경제경영.

조동성·문휘창(2022), AI시대의 경영전략: 전략의 고수가 되는 비법, 서울, 서울경제경영.

최영완·김영주(2019), “그린케어 도입을 위한 시설과 프로그램 유형분류 및 중요도 분석,” 농촌계획, 25(4), 77-86.

코시바 유리에(2016), “농업과 복지의 연계 형성에 관한 연구: 장애인의 농업분야 취업사례를 중심으로,” 농림수산정책연구, 25.

황정섭·황윤민(2020), “케어팜 거버넌스에 대한 탐색적 연구: 네덜란드와 벨기에 사례를 중심으로,” 한국콘텐츠학회논문지, 20(4), 358-372.

홍지영·이병오(2016), “치유농업 전문가 양성을 위한 정책 우선순위 분석,” 농촌지도와 개발, 23(4).

Alen, P.(2001), Neo-Liberralism and Social Policy, Michael Lavalette and Alan Pratt(ed.), Social Policy: a Conceptual and Theoretical Introduction(2nd ed.).

Apter, M. J.(1989), Reversal theory: Motivation, emotion and personality, Taylor & Frances/Routledge.

Bae, Johngseok(2012), “Self-fulfilling processes at a global level: The evolution of human resource management practices in Korea, 1987-2007,” Management Learning 43: 579-607.

Bason, Christian(2018), Leading Public Sector Innovation, Bristol: Policy Press.

Bozeman, B. and Moulton, S.(2011), “Integrative Publicness: A Framework for Public Management Strategy and Performance,” Journal of Public Administration Research and Theory, 21(3), 363-380.

Bragg Rachel, Gavin Atkins, Jim Burt, and Sarah Preston(2016), "A review of nature-based interventions for mental health care," Natural England Commissioned Reports 204: 18.

Brown, Trevor L., and Potoski Matthew (2003), "Transaction costs and institutional explanations for government service production decisions," Journal of Public Administration Research and Theory 13: 441-468.

Buist, Yvette(2016), "Connect, Prioritise and Promote: A Comparative Research into the Development of Care Farming in Different Countries from the Transition Perspective," Wageningen University and Research Center, Internship Report.

Dahlström, Carl, and Lapuente, Victor(2010), "Explaining cross-country differences in performance-related pay in the public sector," Journal of Public Administration Research and Theory, 20, 577-600.

Dart, Raymond(2004), "The Legitimacy of Social Enterprise," Nonprofit Management and Leadership 14: 411-324.

Dessein, J., and Bock, B.(2010), The Economics of Green Care in Agriculture, Loughborough University.

Di Iacovo, F., and Vadnal, K.(2009), Supporting policies for social farming in Europe: progressing multifunctionality in responsive rural areas, D. O'Connor(ed.). Arsia-Agenzia Regionale per lo Sviluppoe l'Innovazionenel settore Agricolo-forestale.

Drori, Gili S., John W. Meyer, Francisco O. Ramirez, and Evan Schofer(2003), Science in the Modern World Polity, Stanford: Stanford University Press.

Elings, M. and J. Hassink(2010), "The added value of care farms and effects on client," Proceedings of 9th European IFSA Symposium, 239-247.

Eweg, H. P. A. and Hassink, J.(2009), "Business models of green care in the netherlands," Paper Presented at Special Session on Care Farming VII. Brazil: International PENSA Conference.

Gale, T., and Parker, S.(2014), "Navigating change: a typology of student transition in higher education," Studies in Higher Education, 39(5), 734-753.

Geels, F. W.(2004), "From sectoral systems of innovation to socio-technical systems: Insights about dynamics and change from sociology and institutional theory," Research Policy 33: 897-920.

Geels, F. W. and Schot, J.(2007), "Typology of sociotechnical transition pathways," Research Policy, 36(3), 399-417.

Harker, Patrick T., and Vargas, Luis G.(1987), "The theory of ratio scale estimation: Saaty's analytic hierarchy process," Management Science 33: 1383-1403.

Hassink, Jan, Ch Zwartbol, Herman J. Agricola, Marjolein Elings, and Jac T. N. M. Thissen(2007), "Current status and potential of care farms in the Netherlands," NJAS—Wageningen Journal of Life Sciences 55: 21-36.

Hassink, J., Grin, J., and Hulsink, W.(2013), "Multifunctional agriculture meets health care: Applying the multi level transition sciences perspective to care farming in the Netherlands," Sociologia Ruralis 53: 223-245.

Hine Rachel, Jo Peacock, and Jules Pretty(2008), "Care farming in the UK: Contexts, benefits and links with therapeutic communities," Therapeuti Communities 29: 245-260.

Hwang, Hokyu, and Colyvas, Jeannette A.(2011), "Problematizing actors and institutions in institutional work," Journal of Management Inquiry 20: 62-66.

Kelly, G., and Muers, S.(2002), Creating public values: An analytical framework for public service reform, London: Cabinet Office

Strategy Unit.
Kirk, D.(1996), "Demographic transition theory," Population Studies, 50(3), 361-387.
Kittay, E.(1999), Love's Labor: Essays on Women, Equality, and Dependency, 김희강·나상원 역(2016), 돌봄: 사랑의 노동, 서울: 박영사.
Landry, R., Amara, N., Cloutier, J. S., and Halilem, N.(2013), "Technology transfer organizations: Services and business models," Technovation, 33(12), 431-449.
Landeta, Jon(2006), "Current validity of the Delphi method in social sciences," Technological Forecasting and Social Change 73: 467-482.
Leck, Chris, Nick Evans, and Dominic Upton(2014), "Agriculture-who cares? An investigation of 'care farming' in the UK," Journal of Rural Studies 34: 313-325.
Lee, Chang Kil, Strang, and David (2006), "The international diffusion of public-sector downsizing: Network emulation and theory-driven learning," International Organization 60: 883-909.
Loorbach, Derk and Rotmans, Jan(2006) Managing Transitions for Sustainable Development' in X. in Olshoorn and A.J. Wieczorek (eds), Understanding Industrial Transformation. Views from Different Disciplines. Dordrecht: Springer
Loue, Sana(2016), Therapeutic Farms: Recovery from Mental Illness. Cham: Springer International Publishing.
Markard, J., Raven, R., and Truffer, B.(2012), "Sustainability transitions: An emerging field of research and its prospects," Research Policy, 41(6), 955-967.
Meyer, John W.(2002), Globalization and the Expansion and Standardization of Management. Redwood: Stanford University Press.

Meyer, John W., Gili S. Drori, and Hokyu Hwang(2006), World Society and the Proliferation of Formal Organization, Oxford: Oxford University Press.

Moynihan, Donald P.(2006), "Managing for results in state government: Evaluating a decade of reform," Public Administration Review 66: 77-89.

Myren, Gunn Eva Solum, Ingela Christina Enmarker, Ove Hellzen, and Ellen Saur(2017), "The influence of place on everyday life: Observations of persons with dementia in regular day care and at the green care farm," Health 9: 261-278.

OECD(2012), Integrating Service Delivery: Why, for Who, and How? Paris: OECD Publishing.

Osborne, Stephen P., Maria Cucciniello, Greta Nasi, and Kirsty Strokosch(2021), "New development: Strategic user orientation in public services delivery—The missing link in the strategic trinity?," Public Money & Management 41: 172-175.

Peppers and Rogers Group(2010), Integrated Public Service Delivery: Achieving Efficiency While Delivering Exceptional Constituent Experiences, Stamford: Peppers & Rogers Group.

Pickel, Andreas(2001), "Between social science and social technology: Toward a philosophical foundation for post-communist transformation studies," Philosophy of the Social Sciences 31: 459-487.

Podvezko, Valentinas(2009), "Application of AHP technique," Journal of Business Economics and Management 2: 181-189.

RDA(Rural Development Administration, 2013), Strategic Long Term Planning of Green Care Based on Agro-Healing Survey, Seoul: Korea.

Rotheram Suzanne, Sarah McGarrol, and Francine Watkins(2017), "Care farms as a space of wellbeing for people with a learning disability in the United Kingdom," Health & Place 48: 123-131.

Rotmans, Jan, Kemp, Ren and van Asselt, Marjolein(2001), "More Evolution than Revolution: Transition Management in Public Policy," Foresight, 3(1): 15-31.

Saaty, Thomas L.(1989), Group Decision Making and the AHP, Berlin/Heidelberg: Springer.

Saaty, Thomas L.(1990), "An exposition of the AHP in reply to the paper: Remarks on the analytic hierarchy process," Management Science 36: 259-268.

Sasaki, Ichio, and Byung-Oh, Lee(2016), "A study on the green care effect of co-worker with disability by quality of life assessment," Korean Journal of Agricultural Management and Policy 43: 112-129.

Schlossberg, N. K.(1981), "A model for analyzing human adaptation to transition," Counseling Psychologist, 9(2), 2-18.

Selden, Sally Coleman, Jessica E. Sowa, and Jodi Sandfort(2006), "The impact of nonprofit collaboration in early child care and education on management and program outcomes," Public Administration Review 66: 412-25.

Sempik, J., Hine, R., and Wilcox, D.(2010), Green care: A conceptual framework. A report of the working group on the health benefits of green care, COST 866, Green Care in Agriculture.

Sempik, Joe.(2008), Being Outside: Exploring Perceptions of Nature and Health in Therapeutic Gardens, British Sociological Association Annual Conference. University of Warwick.

Sempik, Joe(2010), "Green care and mental health: Gardening and farming as health and social care," Mental Health and Social Inclusion 14: 15-22.

Sinuany-Stern, Zilla, Abraham Mehrez, and Yossi Hadad(2000), "An AHP/

DEA methodology for ranking decision making units," International Transactions in Operational Research 7: 109-124.

Upham, Paul, Paula Bögel, and Elisabeth Dütschke(2020), "Thinking about individual actor-level perspectives in sociotechnical transitions: A comment on the transitions research agenda," Environmental Innovation and Societal Transitions 34: 341-343.

van der Loo, Frans and Loorbach, Derk(2012), The Dutch Energy Transition Porject(2000-2009), in Verbong, Geert and Loorbach, Derk(eds.). Governing the Energy Transition: Reality, Illusion or Necessity?, 220-250, NY: Routledge.

Van Weeghel, J., and Van Audenhove, C., Colucci, M., Garanis-Papadatos, T., Liégeois, A., McCulloch, A. and Bauduin, D.(2005), "The components of good community care for people with severe mental illnesses: Views of stakeholders in five European countries," Psychiatric Rehabilitation Journal, 28(3), 274-281.

Vargas, Luis G.(1990), "An Overview of the analytic hierarchy process and its applications," European Journal of Operation Research 48: 2-8.

Wauters, Dirk, and Raats, Tim(2018), Public service media and ecosystem sustainability: Towards effective partnerships in small media markets. In Public Service Media in a Networked Society, Gothenburg: Nordicom, 175-191.

Wilson, G. A.(2007), Multifunctional agriculture: a transition theory perspective, Cabi.

Yewon Cho., Hassink, J., and Vaandrager, L.(2019), "Exploring the Development of Care Farming in South Korea Korean," Journal of Agricultural Management and Policy, 46(3), 420-443.

부록

설 문 지

케어팜 서비스 활성화를 위한 혁신 생태계 구축 영향요인 분석

안녕하십니까?

본 연구는 케어팜의 혁신적 발전과 새로운 생태계 구축을 통한 사회복지 서비스로의 역할 강화를 모색하고자 '케어팜 서비스 활성화를 위한 혁신 생태계 구축 영향요인'을 분석하기 위해 설문을 진행하고 있습니다. 귀하께서 응답하신 내용은 통계법 제33조 (비밀 보호 등)와 제34조 (통계 작성 사무 종사자 등의 의무)에 의하여 철저하게 보호됩니다. 본 연구는 학술지 출간을 목적으로 작성되며, 회사명과 귀하의 이름은 비공개 처리됩니다. 만약 본 연구결과를 추후에라도 받기 원하시면 귀하의 E-Mail을 기재하여 주시기 바랍니다.

2022년 1월 10일~2월 3일

서울과학종합대학원대학교 경영전문대학원 연구자 이호동

서울과학종합대학원대학교 경영전문대학원 지도교수 김보영

Part A. 평가 기준 중요도 평가

A0. 먼저, AHP 설문의 일관성 있는 답변을 위하여 케어팜서비스 활성화를 위한 혁신생태계 구축에 영향을 미치는 4가지 평가 기준(인식, 구조, 프로세스, 리더십)의 상대적 중요도 순으로 나열해 주시기 바랍니다.

1순위 ( ) 2순위 ( )

3순위 ( ) 4순위 ( )

결정요인	설 명
인식	**혁신 인식, 정보공유, 원활한 의사소통, 신뢰성 등** 치유농업 혁신 생태계 구축과 활성화에 영향을 미치는 커뮤니티에 대하여 이해관계자 간의 인식과 관계성을 의미함
구조	**체계적 전략, 전문적 조직, 인적 역량, 혁신지향 문화 등** 치유농업 혁신 생태계 구축과 활성화에 영향을 미치는 조직적, 구조적, 환경적 기반을 의미함
프로세스	**시민참여, 공동창조, 학습과 피드백, 맞춤형 서비스 등** 치유농업 혁신 생태계 구축과 활성화에 영향을 미치는 사용자 중심 운영 프로세스 및 시스템을 의미함
리더십	**비전, 혁신 마인드, 명확한 의사결정, 다양한 아이디어 등** 치유농업 혁신 생태계 구축 및 활성화에 영향을 미치는 적극적 지원이나 추진을 이끌어 내는 주체와 활동을 의미함

A1. **케어팜 혁신 생태계 구축과 활성화에 영향을 미치는 요인을 평가하는데,** 다음에 제시된 항목 A와 항목 B중에서 어느 기준이 얼마나 더 중요하다고 생각하십니까?

* 중앙의 1값을 기준으로 양측의 두 요인 중 더 중요하다고 생각하시는 요인 쪽에 체크해 (O, V 등) 주시면 됩니다.

번호	항목 A	←중	요	도→															항목 B
		9	8	7	6	5	4	3	2	1	2	3	4	5	6	7	8	9	
1	인식																		구조
2	인식																		프로세스
3	인식																		리더십
4	구조																		프로세스
5	구조																		리더십
6	프로세스																		리더십

A2. **케어팜 혁신 생태계 구축과 활성화에** 영향을 미치는 요인을 평가하는데, 인식 측면에서 다음에 제시된 항목 A와 항목 B중에서 어느 기준이 얼마나 더 중요하다고 생각하십니까?

* 설문 전에 아래 내용을 숙지하신 후 본 설문에 응해 주시길 부탁드립니다.

요인	상세 요인	설명
인식	혁신 인식	치유농업의 혁신 필요성에 대한 인식 및 인식의 공유
	정보 공유	치유농업 혁신 추진을 위해 필요한 정보와 지식 공유
	원활한 의사소통	치유농업 혁신 추진을 위한 원활한 의사소통과 의견 공유
	신뢰성	치유농업 혁신 추진에 대한 커뮤니티 내 상호간 신뢰

* 정중앙의 1값을 기준으로 양측의 두 요인 중 더 중요하다고 생각하시는 요인 쪽에 체크해(O, V 등) 주시면 됩니다

번호	항목 A	←중요도→																	항목 B
		9	8	7	6	5	4	3	2	1	2	3	4	5	6	7	8	9	
1	혁신 인식																		정보 공유
2	혁신 인식																		원활한 의사소통
3	혁신 인식																		신뢰성
4	정보 공유																		원활한 의사소통
5	정보 공유																		신뢰성
6	원활한 의사소통																		신뢰성

A3. **케어팜 혁신 생태계 구축과 활성화에** 영향을 미치는 요인을 평가하는데, **구조 측면**에서 다음에 제시된 항목 A와 항목 B중에서 어느 기준이 얼마나 더 중요하다고 생각하십니까?

* 설문 전에 아래 내용을 숙지하신 후 본 설문에 응해 주시길 부탁드립니다.

요인	상세 요인	설명
인식	체계적 전략	치유농업의 혁신 생태계 조성을 위한 혁신적이고 체계적인 전략 구축과 추진
	전문적 조직	치유농업 혁신 생태계 조성을 위한 전문적 조직 구성과 적합한 지배구조
	인적 역량	치유농업 혁신 생태계의 업무 추진을 위해 전문성을 갖춘 인력 구성과 다양한 커뮤니티의 이해관계자를 통한 인적 구성
	혁신지향 문화	치유농업 혁신 생태계 조성을 위한 혁신 지향적 문화와 유연하고 자유로운 환경

* 정중앙의 1값을 기준으로 양측의 두 요인 중 더 중요하다고 생각하시는 요인 쪽에 체크해(O, V 등) 주시면 됩니다

번호	항목 A	←중요도→																	항목 B
		9	8	7	6	5	4	3	2	1	2	3	4	5	6	7	8	9	
1	체계적 전략																		전문적 조직
2	체계적 전략																		인적 역량
3	혁신 인식																		신뢰성
4	정보 공유																		원활한 의사소통
5	정보 공유																		신뢰성
6	원활한 의사소통																		신뢰성

A4. **케어팜 혁신 생태계 구축과 활성화에** 영향을 미치는 요인을 평가하는데, **프로세스 측면**에서 다음에 제시된 항목 A와 항목 B중에서 어느 기준이 얼마나 더 중요하다고 생각하십니까?

* 설문 전에 아래 내용을 숙지하신 후 본 설문에 응해 주시길 부탁드립니다.

요인	상세 요인	설명
인식	시민참여	치유농업 혁신 생태계 강화를 위해 다양한 시민의 자유로운 참여 시스템과 프로세스 제공
	공동창조	치유농업 혁신 생태계 강화를 위해 시민과 이용자와의 공동 가치 구현과 공동창조 활동 강조
	학습과 피드백	치유농업 혁신 생태계 강화를 위해 교육을 통한 학습 강화 및 지속적인 평가나 피드백을 통한 발전적 활동
	맞춤형 서비스	치유농업 혁신 생태계 강화를 위한 사용자 중심의 맞춤형 서비스 개발 및 다양한 서비스 제공

* 정중앙의 1값을 기준으로 양측의 두 요인 중 더 중요하다고 생각하시는 요인 쪽에 체크해(O, V 등) 주시면 됩니다

번호	항목 A	←중요도→																	항목 B
		9	8	7	6	5	4	3	2	1	2	3	4	5	6	7	8	9	
1	시민참여																		공동창조
2	시민참여																		학습과 피드백
3	시민참여																		맞춤형 서비스
4	공동창조																		학습과 피드백
5	공동창조																		맞춤형 서비스
6	학습과 피드백																		맞춤형 서비스

A5. **케어팜 혁신 생태계 구축과 활성화**에 영향을 미치는 요인을 평가하는데, **리더십 측면**에서 다음에 제시된 항목 A와 항목 B중에서 어느 기준이 얼마나 더 중요하다고 생각하십니까?

* 설문 전에 아래 내용을 숙지하신 후 본 설문에 응해 주시길 부탁드립니다.

요인	상세 요인	설명
인식	비전	치유농업 혁신 생태계 구축과 활성화를 위한 미래지향적 비전 및 가치 제시
	혁신 마인드	치유농업 혁신 생태계 구축과 활성화를 위한 혁신 추구 마인드와 전략 지향성
	명확한 의사결정	치유농업 혁신 생태계 구축과 활성화를 위한 명확하고 합리적인 의사결정 주체 및 조직
	다양한 아이디어	치유농업 혁신 생태계 구축과 활성화를 위해 제시하는 새롭고 다양한 의견 및 아이디어

* 정중앙의 1값을 기준으로 양측의 두 요인 중 더 중요하다고 생각하시는 요인 쪽에 체크해(O, V 등) 주시면 됩니다

번호	항목 A	←중요도→																	항목 B
		9	8	7	6	5	4	3	2	1	2	3	4	5	6	7	8	9	
1	비전																		혁신 마인드
2	비전																		명확한 의사결정
3	비전																		다양한 아이디어
4	혁신 마인드																		명확한 의사결정
5	혁신 마인드																		다양한 아이디어
6	명확한 의사결정																		다양한 아이디어

Part B. 설문자 기본 질문

B1. 귀하의 성별은 어떻게 되십니까? (1) 남자 (2) 여자

B2. 귀하의 연령은 어떻게 되십니까? 만 세

B3. 귀하의 현재 직업이나 직장명(직위 포함)은 무엇입니까(구체적으로 기술)?

B4. 귀하의 케어팜 관련 활동경력(경험)은 어떻게 되십니까? 만 년 개월

* 성실한 귀하의 응답에 진심으로 감사드립니다 *

Abstract

A Study on Care Farm Management Strategy for Healing Mind and Body and Selection Priorities of the Factors Influencing Ecosystem Activation

Lee, Ho Dong
Seoul Business School, aSSIST University
Advisor: Kim, Bo Young, Ph.D.

The importance of care farms aiming to promote national health care and threatened by aging, urbanization, and stress worldwide is emerging. In the U.S., Japan, and the advanced countries of Europe, care farming is actively implemented through farming and physical and mental health rehabilitation to solve contemporary people's stress, anxiety, and depression problems. As care farming develops through the convergence services of farming activities and welfare programs offered by care farms, care farming places itself as an essential social service. The connection between cities and rural villages through the mediation of care farms for the body and mind care of disadvantaged classes is also being consolidated. In particular, the innovative transition and expansion of existing farming and welfare areas are necessary for the care farm ecosystem to develop from the convergence aspect of farming and welfare. In such a situation, various and full-swing discussions on successful operation strategies are needed so that care farms can build a new business model providing care and welfare services beyond their farming experience-centered role. In addition, a full-fledged study analyzing the influencing factors of care farm ecosystem invigoration is still lacking in Korea, which is in the full-swing introduction phase through the enactment and enforcement of the Care Farming Act.

This study analyzed the care farm green vine cases for the body and mind care of disadvantaged classes by micro, medium, and macro phases, based on the multi-level perspective of the socio-technical transition theory. Through the case study of care farm green vine operations, this study looked at the programs offered by micro, medium, and macro phases and their features and aimed to draw implications of successful operation strategies. The care farm ecosystem influencing factors were analyzed and aimed to present implications based on a multi-level concept framework using the AHP technique and DELPHI technique regarding a decision-making model for the invigoration of the public service innovation-based care farm ecosystem. The following results have been presented according to the case study of operation strategy success factors targeting care farm green vine:

First, green vine's body and mind care business for the disadvantaged class produces positive results of high user satisfaction and offers a rehabilitation opportunity by presenting effective programs at the microphase.

Second, diverse and expanded care activity features are revealed by connecting local businesses and activities through mutually complementing convergence activities of professional farming and welfare personnel. Through this, the primary agents of the business are consolidated because networks of volunteers and participants are expanded through care farm activities in addition to professional personnel in the medium phase.

Third, mutual trust and cooperation among various stakeholders' organizations, including the government, imply that a business can be successfully led depending on the social welfare service role in the macro phase.

Fourth, it was confirmed that the care farm users show body and mind consolidation and emotional stability through their diverse care farming activities and improvement in their commitment to care and rehabilitation. Through participation in rural village labor, the sense of unity and self-esteem of care farm users increased, whereas positive effects were revealed thanks to body and mind care activities.

Fifth, it was confirmed that social perception is essential in diffusing care farming through care farms with research and analysis from the socio-technical transition theory perspective and that legal, institutional, and policy support from the government and local governments is necessary. All these points considered, farming activities for the body and mind care of care farms need to be utilized for various purposes.

The empirical study on the influencing factors for care farm ecosystem invigoration aimed to present the influencing factors using a hierarchical concept framework, the AHP technique, and the DELPHI technique based on public service innovation. To this end, the AHP methodology was used. Regarding the variables affecting the invigoration of the care farm ecosystem, 16 variables within four categories - perception, structure, leadership, and process - were drawn and conceptualized through the DELPHI technique.

A questionnaire survey was performed to draw each variable's importance targeting 28 care farming stakeholders.

According to the study results, reliability was the most important factor, followed by human capabilities, vision, citizen participation, and innovation consciousness. For care farms to lead the innovative public service ecosystem, reliability and communication are essential, and above all, human capabilities are key factors.

Based on the study results above, the decision-making influencing factors for care farms' successful operation strategies and ecosystem invigoration offer the following implications:

First, the innovation perception of the main agents leading care farms, mutual reliability, and communication through information sharing is vital for invigorating the care farming ecosystem, and human capabilities can diversely work as essential influencing factors.

Second, diverse factors affect policy decision-making for the care farming ecosystem invigoration. In particular, barriers to destruction and mutual connection between the government and local governments, between the Mistry of Agriculture, Food and Rural Affairs, and the Ministry of Health and Welfare, and between the Ministry of Labor and Employment and other ministries may determine the success of the care farming business.

Third, a positive perception of the need for innovation by the care farming service providers, who are the primary agents, and stakeholders for the care farming ecosystem invigoration, should be promoted. The reason is the positive perception that bold innovation and mutual connection from the existing farming, labor, and welfare perspectives are the starting points for the invigoration of the care farm ecosystem.

Fourth, public sector innovation perception and communication are essential, centered on government ministries, since the connection between farming and welfare is paramount. The reason is that it becomes the foundation for deciding care farming ecosystem innovation and forming a driving force for care farming business promotion based on the innovation perception of care farming service providers and stakeholders.

In conclusion, this study presents the success strategies of care farming by analyzing the operation strategies for care farms leading care farming by targeting disadvantaged classes from the socio-technical transition theory perspective. The study also presents necessary strategies for care farm diffusion by analyzing decision-making influencing factors for public service, innovation-based ecosystem invigoration. For the invigoration of the care farm ecosystem for body and mind care, the transition of the existing socio-technical system and the point of view on public service innovation are essential. In decision-making by the care farming service providers and stakeholders constituting the care farm ecosystem, it was ascertained that various influencing factors exist. Consequently, strategies for the care farm ecosystem invigoration in line with various decision-making mechanisms of the participants, including care farm service providers, participants, government, and local governments, are needed.

This study implies that the care farm ecosystem can be invigorated through strategic selection. In addition, specific and strategic implications for the connected business promotion direction of labor, farming, and welfare for the body and mind care of the disadvantaged class and the success factors involved in the process are presented from the socio-technical transition and public service innovation perspectives.

Keywords: care farm, care farming, disadvantaged class, body and mind care, green vine, transition theory, public service innovation, ecosystem invigoration

글쓴이 소개

이호동

경영학 박사. 산업정책연구원 연구교수, (사)디지털노동문화복지센터 이사장, 덕은농업법인 공동대표, 생활문예지 '삶이 보이는 창'의 대표 및 발행인으로 활동 중이다. 취약계층 심신치유를 위한 '치유농장 그린비네'를 운영 중이며, 최근 치유농업사 양성과정을 수료했다. 케어팜, 조직혁신, 노동, 경영전략의 연구 분야에 관심을 두고 있다. 특히 필생의 학문인 '노동학'을 고려대학교 대학원 박사과정에서 연구를 이어가며 이론과 실천의 융합을 끊임없이 지향하고 있다.

케어팜 운영전략과 생태계 활성화 영향 요인

2023년 8월 4일 | 제1판 1쇄 인쇄
2023년 8월 11일 | 제1판 1쇄 발행

지 은 이 이호동
발 행 인 김은중
발 행 처 서울경제경영출판사

주 소 03767 서울특별시 서대문구 신촌로 205, 506호
전 화 02) 313-2682
팩 스 02) 313-8860
등 록 1998년 1월 22일 제5-63호

ISBN 979-11-6282-116-9 93320

정가 12,000원

※ 파본은 바꾸어 드립니다.